我国中小城市商业中心
停车需求影响研究

敖翔龙 ◎ 著

西南交通大学出版社
·成　都·

图书在版编目（ＣＩＰ）数据

我国中小城市商业中心停车需求影响研究 / 敖翔龙
著. — 成都：西南交通大学出版社，2022.5
ISBN 978-7-5643-8630-6

Ⅰ. ①我… Ⅱ. ①敖… Ⅲ. ①中小城市 – 商场 – 停车
场 – 管理 – 研究 – 中国 Ⅳ. ①U491.7

中国版本图书馆 CIP 数据核字（2022）第 057691 号

Woguo Zhong–Xiao Chengshi Shangye Zhongxin Tingche Xuqiu Yingxiang Yanjiu
我国中小城市商业中心停车需求影响研究

敖翔龙　著

责 任 编 辑	罗爱林
封 面 设 计	GT 工作室
出 版 发 行	西南交通大学出版社 （四川省成都市金牛区二环路北一段 111 号 西南交通大学创新大厦 21 楼）
发行部电话	028-87600564　028-87600533
邮 政 编 码	610031
网　　　址	http://www.xnjdcbs.com
印　　　刷	四川煤田地质制图印刷厂
成 品 尺 寸	170 mm × 230 mm
印　　　张	12.5
字　　　数	172 千
版　　　次	2022 年 5 月第 1 版
印　　　次	2022 年 5 月第 1 次
书　　　号	ISBN 978-7-5643-8630-6
定　　　价	58.00 元

随着城市化的不断推进，我国不少中小城市纷纷新建综合商业中心，不仅激发了城市经济活力，同时也带来了不少交通压力，尤其是在商业区域静态交通管理方面，如何在现有停车资源配置下，更加有效地提高资源使用效率成为亟待解决的现实问题。与此同时，交通需求控制作为改善局部交通拥堵问题的重要手段，有着便捷、高效、易于实施的特点，也是目前城市交通管理研究的重点领域。为此，有必要针对我国中小城市商业中心的典型特点，系统研究商业中心停车需求的变化规律，以更好地发挥交通需求管理手段在缓解商业中心区域停车压力方面的作用。

本书考虑了出行群体间的相互影响，依据混合博弈理论、后悔理论和神经网络模型，分别讨论了假设场景中的商业中心停车收费问题、基于混合博弈理论和神经网络模型的 OD 反推技术以及现实场景下的商业中心停车需求演变规律。

在研究过程中针对交通需求预测四阶段法的一致性问题，本研究运用混合博弈理论搭建了交通方式和路径选择一体化模型，并利用后悔理论简化了目标函数的结构。在模型求解过程中，为了克服遗传算法（Genetic Algorithm，GA）易早熟收敛慢和序列二次规划算法（Sequence Quadratic Program，SQP）稳定性不足的缺点，首次将两者互相迭代进行求解，显著加快了模型的收敛速度，提高了计算精度。在 OD 反推计算中，首次运用混合博弈模型和神经网络模型进行复合计算，大大降低了训练样本的计算难度。

此外，在简单交通场景的研究中，分别针对商业中心购物出行距离远近、商业中心连接路段拥堵程度、不同商业中心停车费率高低进行了仿真运算，得出了各因素对商业中心停车需求影响程度的量化结果，为商业中心停车泊位数量的合理化设置提供理论依据。在现实交通场景的研究中，以"经济百强县"江西省丰城市为例，分别从差异化停车收费模式、城区发展影响、居民收入水平和收入结构变化等方面进行了系统研究，得出的结论可为当地政府改善现有商业中心停车问题、规划未来停车资源配置提供参考依据。

目录 | Contents

PART ONE

第1章

绪 论

1.1 研究背景

随着城市化不断推进，城市人口不断增加，城市规模不断扩大，近年来我国很多中小城市新建了许多新的商业活动场所。这些商业活动场所多数位于城市优质地段的黄金区域，主要开展餐饮、零售、服装和教育培训等与城市居民日常消费领域相关的商业活动（见图1-1）。这些新修建的商业中心一旦开展商业活动，就能吸引大量居民前往消费。在我国城市化建设的快速进程中，这些商业中心的建设对于很多中小城市可以说具有里程碑的意义，建设完成的商业中心可以在提升城市商业活力，发展城市综合功能等方面发挥重大作用。各中小城市政府为了挖掘本地商业消费潜力，提升新老城区地块品质，通常会给大型商业中心的开发者提供诸多优惠政策，尤其是在建设用地方面会将交通可达性最好的城市黄金地块优先提供给大型商业中心开发者。近几十年来随着我国改革开放所取得的巨大成效，各地相继将中心商业区建筑改造和建设列为城市发展的重点项目，然而新建的中心商业区给原本资源有限的区域交通系统增添了新的交通出行压力。

近年来，我国城市居民收入水平不断提高，市区中的机动车保有量不断增加，大量自驾购物休闲出行不断涌现出来。而随着商业中心的不断建成，大型商业中心对于当下的城市交通出行具有很强的吸聚效应，这种交通集聚现象具有明显的出行时间和出行方向上的倾向性。这本质上是现代城市居民交通出行行为发生变化后在出行方式选择和出行时间选择改变上的具体表现。相对于其他时期的购物休闲出行者，现代自驾购物休闲出行者在出行时间和出行空间上具有更大的稳定性。中小城市购物休闲出行集中在一段比较固定的时间和相对固定的区域发生，因而购物出行高峰期的交通拥堵现象不容忽视，这是城市交通出行中新出现的突出问题。

图 1-1　某商场内部设施效果图

一旦新的商业中心项目建设完成，这些商业中心地块就会逐步成为市区大型交通集散地，城市居民会利用各种交通出行方式汇聚于此。尤其是随着居民生活水平的提高，采用私人小汽车进行购物出行的城市居民占购物出行总人数的比例显著提高，甚至一些城市的交通出行者使用私家车进行购物出行成为最主要的交通出行方式。私人小汽车出行的绝对规模和相对比例都在逐年提高，这给商业中心附近的交通设施带来了巨大压力，而这些压力又主要体现在对动态交通设施和静态交通设施的影响两方面。

对动态交通的影响主要是激增的交通流量对商业中心附近路段的不利影响，这是因为商业购物出行具有明显的时间分布规律，即在时间分布上存在明显的出行高峰和平谷。例如，大量城市居民的购物娱乐出行时间集中在晚间，且有相当一部分购物出行者会于晚上 9：00—10：00 动身返回家中。当这些购物出行高峰和其他出行高峰发生重合时更易造成严重的交通拥堵，既影响交通出行的舒适性，又严重影响城市居民的购物体验。

对静态交通的影响主要体现在大量自驾购物出行给商业中心停车场带来了巨大的停车压力。对于城区范围不算大的大多数中小城市来说，建设完成的大型商业中心往往会形成集聚性很强的交通出行吸引点。两三个这样的大型商业中心几乎就可以满足中小城市整个城区范围内的大多数购物出行需求。大量城市居民的周末购物娱乐出行都会选择去往这些为数不多的大型商业中心，给商业中心停车场带来巨大的停车压力。机动车量的迅猛增长和停车场建设相对滞后的矛盾不断升级，城市规划缺乏前瞻性，人们的停车意识及停车场的管理缺位成为停车难的症结所在。对于寸土寸金的中心商业区来说，中心商业区停车问题尤为凸显。

造成中心商业区停车难的原因众多，大体上可以分为停车场管理和停车场建设两个方面：

一方面，停车场空置成摆设与人们的停车意识缺乏、停车场的条件差有关；公共停车点设置不尽合理，许多驾车者习惯在路边就近停车，也使停车场不能被充分利用，以致停车场经营亏本，商家便关闭停车场。但人们不愿到停车场停车的主要原因是停车场环境脏乱差，昏暗无标识，收费不合理，管理混乱。目前，我国不少商业中心停车场大多表现为周转率、利用率比较低，经营效益较差，未能实行明显的级差停车收费。因此，停车难在一定程度上源于管理的缺位。

另一方面，由于部分大型商场停车库对交通设计不够重视，交通规划设计不合理，商业广场开业运营后，造成了邻近市政道路的交通拥堵与交通事故多发及部分驾驶员不能方便快捷地出入停车库等情况。这不仅给城市动态交通造成了巨大干扰，也影响商业广场的交通形象。由于我国停车场管理法律法规不健全，作为"静态交通"的停车场建设一直没有得到应有的重视，当购车热来临时，停车矛盾就爆发出来了。停车不仅是一个车辆的停放问题，也是关系到城市道路交通、带车消费、停车经济的一个综合性问题。因此，要加快商业中心停车场的建设。政府首先应出台一些鼓励性政策，引导企业、团体和个人投资兴办停车场。

由于城市土地资源有限和停车场建设市场参与度不高，仅仅从提高停车供给水平方面来解决停车难问题是远远不够的，更应该从如何合理引导停车需求层面去解决停车供需在时空分布上的不平衡。交通需求控制方法作为改善局部交通拥堵问题的重要手段，有便捷、高效、易于实施等特点，这也是目前城市交通管理研究的重点。为了研究我国中小城市商业中心停车需求问题，首先需要研究影响商业中心停车需求的因素，如出行距离远近、连接路段拥堵程度和停车场停车费率等，然后需要在实际道路网络中对常见的停车需求管理手段的实施效果进行分析。

1.2 研究意义

为克服经典交通四阶段模型建模流程的显著缺点（即四阶段模型的依序进行，上一阶段模型的输出结果作为下一阶段模型的输入数据，这必然导致最终结果与分析过程中的一些参数不一致），本研究在交通方式和交通出行路径选择模型的搭建中，首次考虑了出行者间的相互影响，运用混合博弈理论搭建了交通模型，并在目标函数的搭建中利用后悔理论的思想简化了目标函数结构。交通资源的有限性使道路交通资源和停车资源属于典型的"俱乐部"产品，一旦出现"拥挤"就会产生明显的竞争性，即当交通出行量达到一定程度以后，新增的交通出行会严重增加已在交通系统中运行的其他交通出行群体的出行成本，可以认为任一交通出行群体的交通出行成本受到其他交通出行者选择结果的影响，因此，在交通方式和交通出行路径选择行为中，交通出行者间的相互影响不容忽视。此外，当出行者发现其他出行选择的出行成本更低时就会后悔。本研究认为，所有出行者都有使自身后悔程度最小的动机，即所有出行者都尽量使自身的选择接近不后悔状态，在具体计算中可以将任一策略集中所选路径效用差（即后悔程度）可接受时的状态视为稳定的均衡状态。

为了克服遗传算法容易早熟收敛慢和序列二次规划算法稳定性不足的缺点，在混合博弈模型的求解过程中，首次运用遗传算法（Genetic Algorithm，GA）和序列二次规划算法（Sequence Quadratic Program，SQP）互相迭代进行求解，从而显著加快模型的收敛速度，显著提高计算精度。在具体计算中，首先定义约束条件范围内的任一初始种群，再运用遗传算法进行计算，找到局部最优点；其次将之前遗传算法求出的局部最优解作为序列二次规划算法的初值进行计算，得到更优的解；最后将序列二次规划算法求出的更优的解作为遗传算法初始种群中的一支进行计算。

为了克服传统 OD 反推技术的局限性，准确地表达出路段流量与 OD 之间的内在联系，本研究通过构建 BP 神经网络模型进行 OD 反推计算。在 OD 反推模型的计算中，首次运用混合博弈模型和神经网络模型进行复合计算，大大简化了训练样本的计算难度。在具体的计算过程中，首先随机生成若干基年 OD 矩阵，然后运用混合博弈模型计算出相应的基年路段流量，再将基年路段流量作为训练样本的输入端输入神经网络模型，并将基年 OD 矩阵作为训练样本的目标值输入神经网络模型，再运用神经网络模型对训练样本进行学习，得出适用于该交通场景的 OD 反推模型。最后用混合博弈模型计算出的目标年 OD 矩阵与神经网络模型反推出的目标年 OD 矩阵进行对比，验证神经网络搭建的 OD 反推模型的精度。

1.3　研究内容

为了缓解商业中心的停车压力，有效平衡停车供需在时间和空间分布上的不平衡，本书从我国中小城市商业中心停车需求研究入手，考虑出行群体间的相互影响，依据混合博弈理论和后悔理论，分别研究了如下问题：① 假设场景中的商业中心停车收费问题；② 基于混合博弈理论和神经网络模型的 OD 反推技术；③ 现实场景下的商业中心停车需求演变规律。

　　首先，在假设场景中的商业中心停车收费问题研究中，分别从商业中心购物出行距离远近、商业中心连接路段拥堵程度、不同商业中心停车费率高低 3 个维度进行了具体的仿真分析。在商业中心出行距离的远近对居住区自驾购物出行选择的影响研究中，运用了遗传算法和序列二次规划算法互相迭代求解所搭建的混合博弈模型。研究发现，居住区居民选择商业中心进行自驾购物出行的概率随着居住区与商业中心距离的增加而下降，而由于道路拥挤程度非线性变化的干扰，该下降速度先快后慢。在道路拥堵程度对居住区自驾购物出行选择的影响研究中发现，小区居民选择商业中心进行自驾购物出行的概率随着道路拥堵程度的增加而下降，而由于道路拥挤程度非线性变化的干扰，该下降速度先慢后快。商业中心开发商在规划商场停车泊位供给时必须考虑周边道路的拥堵情况，小区居民的停车需求会随着出行路径拥堵情况的不同发生显著改变，这会给各商业中心的停车压力带来显著变化。在停车费率对居住区自驾购物出行选择的影响研究中发现，在只有两个备选商业中心的出行选择模型中，居住区居民选择某一商业中心的概率随着两商业中心基础停车费率之比的变化规律，符合某一稳定的二次多项式的表达形式。

　　其次，在基于混合博弈理论和神经网络模型的 OD 反推技术研究中，为了克服传统 OD 反推技术的局限性，准确地表达出路段流量与 OD 之间的内在联系，通过构建 BP 神经网络模型进行 OD 反推计算。计算发现，所有 OD 出行量的误差平均值为 12.91%，小于误差范围 15%，认为神经网络模型符合精度要求。

　　最后，在现实场景下的商业中心停车需求演变规律研究中，分别从停车费率、城区发展、收入水平变化和收入结构变化 4 个方面进行分析：

　　（1）以"经济百强县"丰城市为例，通过对比 4 个停车费率设置方案，研究了我国小城市新老城区商业中心的停车费率设置问题。研究表明，改变停车费率可以显著改变出行分布。

　　（2）在此基础上，进一步以江西省丰城市为例研究了城区发展后，中小城市商业中心停车收费政策的适应性问题。研究表明，在该场景中，当老城商业中心收取更高的停车费后，随着剑南城区的发展，出行群体的数量有所增加，路段服务水平相比发展前将有所下降。而无论剑南城区是否发展，大部分的出行者此时都选择了新城商业中心，尤其是位于老城区的出行者，也大多选择去往新城商业中心。当新老城区商业中心收取统一的停车费后，去往老城区商业中心的人数显著增加，但大部分出行者仍选择去往新城区商业中心。

（3）对于中小城市的路网结构来说，当收入水平提高以后，即使停车政策不变，出行者仍将更合理地选择出行路径。需要注意的是，这种停车政策可能会对新老城区的衔接路段造成一定影响。

（4）当老城商业中心收取更高的停车费后，无论收入结构为哪种分布，新城路段都更拥挤，新老城之间小区的购物出行被引导至新城商业中心，虽然有效地缓解了老城区路段的拥堵，但是给新城区带来了严重影响。此外，虽然老城区的小区更为分散，出行路径距离更远，但由于交通拥堵，新城区出行者花费的出行时间更长。当采取统一的停车费后，"橄榄型"分布下的道路服务水平大大改善，且新城商业中心连接路段的拥挤程度显著下降。可见，在出行者的时间价值提高到一定程度后，他们会自发地选择更合理的路径。

1.4　研究结构

第 1 章：绪论。阐述研究的背景、目的和意义、研究内容和思路。

第 2 章：理论背景及依据。分为 7 部分：后悔理论、交通行为学、混合博弈理论、遗传算法、交通分配、神经网络和交通需求管理。在这 7 部分详细阐述了研究中采用的方法以及依据的理论思想，并指出目前研究中存在的问题，为本研究的展开做铺垫。

第 3 章：基于混合博弈理论和后悔理论的交通模型搭建。在考虑出行者间相互影响的基础上，研究了商业中心停车需求随道路交通条件的变化情况。首先依据后悔理论和混合博弈思想，认为人们通常在当后悔程度可接受时，就不再去主动改变其选择行为，并假设所有出行者都有使自身后悔程度最小的动机，即所有出行者都尽量使自身的选择接近不后悔状态。然后在此基础上建立了有无差异化停车收费管理措施下的出行方式选择博弈模型和基于 Wardrop 第一原理的总体目标函数。其中，为解决传统的出行时间函数——BPR 模型的 3 个适应性问题，将改进后的 EMME2 锥形延误函数作为出行效用函数中的出行时间函数。

第 4 章：出行距离远近对商业中心停车需求的影响。运用遗传算法和序列二次规划算法互相迭代求解所搭建的混合博弈模型。研究发现，居住区居民选择商业中心进行自驾购物出行的概率随着居住区与商业中心距离的增加而下降，而由于道路拥挤程度非线性变化的干扰，该下降速度先快后慢。在只有两个备选商业中心的出行选择模型中，居住区居民选择某一商业中心的概率符合居住区距离两商业中心相对距离之比的变化规律，符合某一稳定的二次多项式的表达形式。商业中心开发商在规划自身停车场停车供给量时，务必掌握商业中心覆盖范围内的自驾购物出行需求。根据居住区到商业中心的出行距离远近可以有效估算出各小区去往本商业中心的购物出行比例，进而为停车泊位的设置提供理论依据。

第 5 章：连接路段拥堵程度对商业中心停车需求的影响。运用遗传算法和序列二次规划算法互相迭代求解所搭建的混合博弈模型。研究发现，小区居民选择商业中心进行自驾购物出行的概率随着道路拥堵程度的增加而下降，而由于道路拥挤程度非线性变化的干扰，该下降速度先慢后快。在只有两个备选商业中心的出行选择模型中，居住区居民选择某一商业中心的概率符合两出行路径背景交通量之比的变化规律，符合某一稳定的二次多项式的表达形式。商业中心开发商在规划商场停车泊位供给时必须考虑周边道路的拥堵情况，小区居民的停车需求会随着出行路径拥堵情况的不同发生显著改变，这会给各商业中心的停车压力带来显著变化。因此，商业中心停车压力并非一成不变，而是随着道路条件等的改变而变化，商业中心停车场管理者在日常的停车管理中，需要掌握当地停车需求的变化规律。

第 6 章：停车费率对商业中心停车需求的影响。为了研究差异化的停车收费管理措施对自驾购物出行选择结果产生多大的影响，以及其对缓解道路交通压力和停车压力有什么作用，本章在假设场景中，分别针对两商业中心设置可变停车费率和固定费率，通过对比不同停车费用下交通出行者的出行选择情况，研究了差异化停车收费管理措施对自驾购物出行的影响。研究表明，小区居民的购物出行选择对商业中心停车费率的敏感性较高，小区居民选择商业中心进行自驾购物出行的概率随着商业中心基础停车费率的增加而下降，而由于小区居民自身选择结果的非线性干扰，该下降速度略微呈现先快后慢的总体趋势。在只有两个备选商业中心的出行选择模型中，居住区居民选择某一商业中心的概率符合两商业中心基础停车费率之比的变化规律，符合某一稳定的二次多项式的表达形式。在现实的城市交通环境中，交通管理部门可以通过设置有针对性的商业中心停车收费政策来引导交通出行，缓解交通供需在时间和空间分布上的不平衡，特别是有限的商业中心停车供给和大量的自驾购物出行需求之间的矛盾，不合理的停车收费政策将会带来停车资源的极大浪费，也不利于商业中心消费活动的正常开展。而制定正确的停车收费标准需要诸多因素，如商业中心覆盖小区居民的个人属性情况、居民的购物出行习惯情况、购物出行路径的道路交通条件情况及停车供给情况等。

第 7 章：基于混合博弈理论和神经网络的 OD 反推技术研究。首先搭建了一个包含有 6 个出行端点和 16 条有向线段的交通网络，且任意两个出行端点都产生交通出行，使共有 30 对 OD 出行组成该交通网络的出行 OD 矩阵；然后假设了 15 个 OD 出行矩阵，并作为训练样本，将 3.3 节所搭建的混合博弈模型计算得出对应的路段流量作为训练样本；然后设置了包含 5 个隐含层、50 个神经元节点的 BP 神经网络模型，将 15 个样本中的路段流量作为输入值，相关 OD 出行矩阵作为目标值输入神经网络模型，并通过 MATLAB 软件进行计算，计算发现所有样本的目标值和神经网络输出值高度拟合，线性回归 R 值约等于 0.83；最后为了验证训练完成的神经网络模型对"未来"交通场景系统运行状态的计算精度，另计算 8 组未来年的出行 OD 矩阵和路段流量用以验证所搭建神经网络模型的精度，计算发现所有 OD 出行量的误差平均值为 12.91%，小于误差范围 15%，认为神经网络模型符合精度要求。

第 8 章：我国中小城市商业中心差异化停车收费实施效果研究。以"经济百强县"丰城为例，在考虑出行群体间相互影响的基础上，依据混合博弈理论和后悔理论，通过对比 4 个停车费率设置方案，研究了我国小城市新老城区商业中心的停车费率设置问题。研究表明，改变停车费率可以显著改变出行分布。其中，当只对新城区商业中心收取停车费时，会增加老城区商业中心的客流，进一步恶化交通运行状况。而当只对老城区商业中心收取停车费时，可以改善交通运行状况，但也会对衔接路段及老城区商业中心的经济活力带来不利影响。因此，当交管部门设置停车费率时，须考虑各方案对交通状况、经济活力及出行习惯等的综合影响，选择最符合当地实际的设置方案，以取得最佳的改善效果。在此基础上，进一步研究了城区发展后，中小城市商业中心停车收费政策的适应性问题。研究表明，在该场景中，当老城区商业中心收取更高的停车费后，随着剑南城区的发展，出行群体的数量有所增加，路段服务水平相比发展前有所下降。而无论剑南城区是否发展，大部分的出行者此时都选择了新城区商业中心，尤其是位于老城区的出行者，也大多选择去新城区的商业中心。当新老商业中心收取统一的停车费后，去往老城区商业中心的人数显著增加，但大部分出行者仍选择去往新城区商业中心。而造成上述现象的主要原因是丰城的路网结构与城市规模，因而出行者对于金钱的敏感性大于出行时间。当出现差异化的停车收费政策后，大量出行者被引导至新城区商业中心。而统一收费后，新城区商业中心的交通可达性较老城区商业中心更好，其仍然吸引了大部分的交通出行。因此，当交通管理部门在制定差异化的停车收费方案时，需要充分考虑当地的实际情况，合理地引导出行者进行出行选择，以最大限度地平衡交通供需在时空分布上的矛盾。

第 9 章：出行者收入水平变化对商业中心停车收费的影响研究。以丰城为例，通过对比不同经济增速下的两种停车费率方案的实施效果，研究了我国中小城市停车政策在未来年的适应性问题。研究表明，应该对道路资源相对紧张的老城区商业中心收取更高的停车费，且无论未来年的经济发展速度如何，这一结论都不会发生改变。此外，对于中小城市的路网结构来说，当收入水平提高以后，即使停车政策不变，出行者仍将更合理地选择出行路径。需要注意的是，这种停车政策可能会对新老城区的衔接路段造成一定影响。在此基础上，进一步研究了居民收入结构变化后，中小城市商业中心停车收费政策的适应性问题。研究表明，当老城区商业中心收取更高的停车费后，无论收入结构为哪种分布，新城区的路段都更为拥挤。新老城区之间的购物出行被引导至新城区商业中心，虽然有效地缓解了老城区路段的拥堵，但是给新城区带来了严重影响。此外，虽然老城区的小区更为分散，出行路径距离更远，但由于交通拥堵，新城区出行者花费的出行时间更长。当采取统一的停车费后，"橄榄型"分布下的道路服务水平大大改善，且新城区商业中心连接路段的拥挤程度显著下降。可见，在出行者的时间价值提高到一定程度后，他们会自发地选择更合理的路径。

最后对本书的研究成果进行总结，并对未来的研究方向进行了展望。

PART TWO

第 2 章

理论背景及依据

本书的形成基于交通工程学（Traffic Engineering）的相关理论和研究。交通工程兴起于 20 世纪 30 年代，美国在 30 年代正式成立了交通工程师协会（Institute of Transportation Engineers，ITE），这标志着交通工程学科的正式诞生。在诞生伊始，交通工程学科的专业技术人员针对当时比较突出的社会问题，主要探讨了加强交通管理、缓解交通阻塞和提升交通安全等有关交通问题。1940 年之后该学科的专业人员开始涉足交通规划问题。1950 年之后则进一步关注交通系统中存在的中观、微观方面的问题，创立了交通流理论，开始研究人、车、路三者在道路交通中的相互关系。1960 年之后在交通工程中主要关注交通公害问题，并开始尝试应用计算机系统来实时控制信号灯、处理资料和制定规划。1970 年之后，把注意力又放在了如何统筹交通系统中的各个组成部分，并在交通工程领域引入系统工程的知识。交通工程学通过把人、车、路、环境及能源等与交通有关的几个方面综合在道路交通这一统一体中进行研究，以达到经济、方便、安全、舒适、节能、低公害及迅速的目的，其主要宗旨是在人、车、路、环境共同组建的交通系统中，寻求道路通行能力最大、交通事故最少、运行速度最快、环境影响最小、运输费用最省、能源消耗最低的交通系统规划、建设与管理方案。

交通工程是一门综合性极强的交叉性学科，在交通工程学的研究中，除了工程学科常用的基本知识外，还需要掌握丰富的社会学、经济学、心理学等多学科综合知识。而在本书的研究中，主要参考和学习了后悔理论、交通行为学、博弈理论、遗传算法、交通分配、神经网络、OD 反推和交通需求管理等基础理论及方法，并在商业中心停车收费、基于近似算法的 OD 反推技术等领域有了一定程度的应用。

2.1 后悔理论

在现实生活中，人们在做出选择之后通常会产生后悔情绪。具体来说，后悔或懊悔指做错了事或说错了话，心里自恨不该这样。后悔的产生必须有两个先决条件：一种是个人行为的结果不好（或相对不好）；另一种是通过改变已经完成的行动可以获得好（或相对更好）的结果。关于后悔的心理学研究是在反事实思维的框架内进行的，反事实思维将后悔定义为将事件的实际结果与假设结果进行比较的过程，该假设结果优于真实结果并伴有痛苦的情绪。卡尼曼（Kahneman）和米勒（Miller）描述了人们如何比较过去以产生不同的结果。它们可以分为两类：一类是认知结果。人们重构过去的事实之后，他们会对当前行动（或不作为）的后果做出判断。另一类是涉及影响情绪的结果。通过将其与可能发生或应该发生但没有发生的其他可能事实进行比较，得出人们对现在发生的事情感受的好坏。

贝尔（Bell）和卢姆斯（Loomes）于 1982 年指出选择性分支的效用函数中包含诸如喜悦和遗憾之类的主观因素，并独立提出了"后悔理论"，把后悔描述为一种情绪，通过比较给定事件的结果或状态和被选择的状态而产生，大多数后悔理论研究者也相信个人会提前评估他对未来事件的预期反应。例如，在习惯品牌和非习惯品牌之间进行选择时，人们可能会在做出选择之前进行预评价，而这种心理暗示是不完全理性的：他们会认为，当他们选择一个不习惯使用的品牌时，糟糕的体验所造成的遗憾比习惯造成的遗憾更大，这种预评价现象也是消费者很少选择非习惯性品牌的主要原因。

在交通工程领域，后悔理论也得到较多的应用，基于其基本假设和思想，在交通预测四阶段模型的交通方式划分阶段，考虑旅客的个人属性，在离散选择的基本前提下，Probit 模型、NL 模型（Nest Logit model）、Mixed Logit 模型等发挥着重要作用。假设个人对选择分支的效用由效用确定性项和随机项组成，通过 Gumbel 分布和多维正态分布来估计随机项，并通过最大似然估计来校准模型参数。由于概率表达式的显式特征，该模型可以快速求解并方便地应用，这使 Logit 模型在交通出行选择研究领域得到广泛使用。具体来说，当模型选择策略设置为常数时，只要效用函数的分支中每个变量的有效性发生变化（如停车费、公交车票等），都可以直接求解新场景中的选择概率，从而减少调查成本，提高模型的适用性，延长模型的生命周期。

在后悔理论的相关研究中，张结海（1999）发现，现实生活中最大的遗憾不是"做"，而是"不做"。参照麦维杰的后悔与回顾时间思维模型，提出了长期后悔与短期后悔相统一的一致性后悔模型，即长期后悔与短期后悔也服从"状态变化——状态继续"的规律[1]。鲜于建川等（2012）研究了城市交通出行者出行方式的选择行为，利用随机后悔最小化理论和随机效用最大化理论分别建立了 PUM-MNL 模型和 RRM-MUL 模型，并在拟合优度和模型参数方面进行了比较。在此基础上，他还分析了两种模型在交通管理措施评价方面的差异，并通过调查数据进行了验证。与 PUM-MNL 模型相比，RRM-MUL 模型更能描述多属性方案选择过程中的权衡效应和部分补偿决策行为，更能真实反映实际出行行为选择过程；对于相同的属性变量，出行者有不同的选择偏好，表现出不同的选择行为[2]。张顺明等（2009）总结了后悔理论的发展历程，认为在放弃独立原则的前提下，Loomes 和 Sugden 将后悔与欣喜带入个体风险决策的偏好关系中，建立了非传递双变量函数和后悔理论的公理系统。后悔理论可以很好地解释期望效用理论无法解释的阿莱悖论、埃尔斯伯格悖论、偏好反转现象、确定性效应、反射效应、分离效应和共同比例效应等异常现象，可应用于决策理论、资产定价等金融领域[3]。张晓等（2013）认为如何将行为决策理论引入风险决策模型是一个值得研究的问题，研究发现在一些实际的风险决策问题中，必然要考虑决策者的心理行为。为了解决属性值和状态概率均为区间数的风险多属性决策问题，通过计算效用函数中各属性的效用值和后悔值，得到决策者对各方案的感知效用，然后通过构建综合感知效用最大化优化模型，计算出最优选择策略，并通过实例验证了该方法的合理性[4]。

闫祯祯等（2013）基于期望后悔效用差异理论，构建出行信息获取前后的感知价值模型，计算风险规避决策与交通信息行为模式比较下的出行信息主观感知价值。该模型考虑了通勤者在路线选择中可能遇到的不确定因素，采用贝叶斯更新方法计算通勤者在获得交通信息后对道路状况的认知增量。当通勤者只面对两条候选路线，且交通信息的准确率接近100%时，他们熟悉该路线，在各种道路交通条件组合下每种出行策略的交通信息感知价值[5]。哈米德·普尔斯帕希·萨米安等（Hamed Poorsepahy Samian，2012）提出了一种新的基于博弈论的水量分配方案。该方法主要包括 4 个步骤：首先进行水权和排放许可的初始分配；其次形成可能的同盟，优化水权和排放权分配；再次让用水用户参与同盟，以增加其总净收益；继而通过合作博弈论的一些概念实现公平的利益分配；最后让最大系统遗憾最小化，确定水污染物排放许可的最佳分配策略。实际调查结果表明，该系统适用于伊朗卡伦河流域[6]。吉赛尔·德·莫雷斯·拉莫斯等（Giselle de Moraes Ramos，2011）对期望效用理论、应用前景理论和后悔理论进行了比较分析，具体研究了在有或没有信息的情况下，基于经验数据集的路径选择行为。结果表明，虽然期望效用理论模型被广泛应用，但前景理论更适用此交通场景，尤其当提供信息时，前景理论的优势更明显。此外，参考点在前景理论的预测能力中起着重要作用。因此，有必要选取一个适当的、有意义的参考点值。实证研究表明，在这种情况下，与期望效用理论相比，使用基于前景理论的模型规范来捕捉乘客行为可能是更好的选择，但后悔理论的结果表明，这并不一定是正确的[7]。

2.2 交通行为学

人、车、路是构成道路交通系统的三大要素，其中人是核心要素。人在交通系统运行中的作用以交通行为方式来表现。交通行为是人的社会行为在道路交通系统中的具体表现，决定着道路交通系统的存在、发展与运行方式。与数学、系统、信息等理论相似，交通行为学是交通学科的基础科学理论之一。交通行为学涉及交通、行为、系统、信息、实验、计算等科学理论与方法，是多学科综合的基础理论。交通行为学的研究内容主要包括：社会交通行为、交通出行行为、道路通行行为、慢行交通行为、驾驶人行为、交通安全行为、信息交通行为等。

在交通行为学的相关研究中，刘天亮等（2007）考虑了路径引导系统支持的交通网络中存在两种类型的出行群，一种是配置 ATIS 系统，另一种是不配置 ATIS 系统。其中，假设有 ATIS 的出行者会接受交通中心的指挥，按照系统优化的原则选择路线；而没有 ATIS 设备的出行者则根据个人出行费用最低的原则选择出行路径。为此，建立了一个变分不等式模型来模拟混合出行行为，推导出了混合交通行为网络效率损失的上界，并以多项式路段效用函数为例给出了一些上界的特殊值[8]。秦萍等（2014）基于 2010 年北京市居民工作出行调查数据，构建了混合 Logit 模型。根据模型的计算结果，分析了各出行方式的时间价值、时间弹性和价格弹性，为交通政策的评价和建议提供了实证分析数据。研究发现，节约公共交通出行时间的交通政策可以最有效地调整人们对公共交通出行方式的选择。这是因为人们对公共交通和地铁的车内时间价值表现出更高的敏感性[9]。孙亚南等（2014）通过构建驾驶行为模型来研究个人特征与交通拥堵的关系。他首先运用模糊评价法，根据实际调查数据，将道路交通拥堵分为轻度、中度和重度。然后通过构建驾驶员的驾驶行为模型回归分析了 3 种操作行为的变化规律及拥挤路段的停车频率图，为提高司机的驾驶习惯和缓解城市道路交通拥堵提供理论支持[10]。周家中等（2014）基于多模式交通网络中的交通距离约束条件，分析了简单出行链的备选路径，导出了基于熵的多模式交通出行链选择模型。最后结合实例给出了参数估计和先验概率选择方法，并将该模型应用于成都市区的出行样本数据，对模型进行了检验[11]。

耿雪等（2008）对非黄金周城市的旅游交通行为进行研究，以规划和指导科学合理的旅游路线，设计了一份针对当地居民和外国游客的调查问卷，对北京市 5 个主要景点的旅游交通行为进行了调查，在此基础上重点研究了两类游客出行特征的差异，如出行方式、出行目的、出行规模、出行时间、出行方式等，得出两类游客都有自己独特的旅游方式和经典的北京旅游线路。最后提出了中央景区旅游公交专线的设计方案，以指导旅游旺季城市交通压力的缓解[12]。吴文祥等（2008）首先构建了具有两条平行路径的交通路网，并在路网中建立双层规划模型，描述了出行者对日常交通信息的修改和路径选择行为，并对模型进行求解。结果表明，该方案存在最优信息发布策略，使系统在演化过程中逐步逼近最优[13]。吴文祥等（2003）将双路径网络中信息对交通行为影响的分析扩展到具有平行路径结构的一般道路网络中，并通过建立确定性均衡和随机均衡分配模型，分析了信息发布对交通系统平均出行成本的影响，研究了出行人员行为的随机性程度与交通系统运行的关系[14]。石建军等（2008）认为交通管理部门在发布交通信息时，应对交通出行者的交通行为进行引导和规范，交通信息客观上引导了一部分交通行为。他认为可以基于出行者的行为心理特征、社会特征等，制定不同的信息发布策略，诱导出行者在出行过程中做出科学合理的策略选择。可以说，交通引导信息的机制是由需求、目的、知识、激励和奖励等主导的心理过程的决策结果[15]。关宏志等（2005）通过调查，从行为分析的角度出发，在对旅游交通行为进行调查分析的基础上，利用Logit 模型，分别建立了全国和北京市的周末自驾车旅游出行行为模型。根据 Logit 模型标定的结果发现，收入将会成为未来几年内影响个体自驾车旅游出行的最主要因素[16]。哈米什贾姆森（Hamish Jamson，2013）通过回顾以往的研究发现，汽车高度自动化会降低驾驶员对车辆行驶位置的感知。

这种未来的车辆设计还带来了潜在的好处，提高了安全性，减少了司机的工作量。设计良好的自动化系统可以让驾驶员的视觉注意力远离道路，专注于车辆的行驶任务。共有 49 名驾驶员参与使用驾驶模拟器，让驾驶员看到、听到、感受到自己的车辆自动处理系统对车辆驾驶的影响。驾驶员体验自动化通常不需要他们临时做出手动控制行为如超车，从而增加行驶时间。参与者对前方道路的视觉关注越来越少，但并不表示他们会更加关注繁忙道路上的交通状况，这意味着需要设置更严格的车辆自动化管理措施来改善这一现象[17]。

2.3 混合博弈理论

交通运输系统是一个巨大的复杂系统，其中存在着各种政治因素、人为因素、随机因素和意外事件。事实上，任何一项政策的制定和实施都与决策者与政策调控对象之间相互制约和影响的一系列决策行为密切相关。所有的交通政策行为及其效果都是一系列相互依赖、相互影响的理性决策的结果。这种理性决策行为是双方的博弈行为。因此，在研究政策行为及其效果时，必须考虑博弈各方决策行为的相互依赖性和相互影响，不能忽视其个体理性、信息对博弈均衡的制约和影响。在完全信息博弈中，如果博弈模型在每个给定的信息条件下只选择一种特定的策略，并且只使用 0 或 100%的概率进行选择，则称为纯策略博弈。如果在每个给定信息下，不同策略的博弈行为只有一定的概率（0 ~ 100%）被选择，则称为混合策略博弈。可见纯策略是混合策略的一种特殊情况，混合策略是纯策略在空间上的概率分布。显然，纯策略的效益可以用效用价值来表示，而混合策略的效益只能用期望效用价值来表示。1980 年，混合策略的基本假设前提：根据概率选择被认为是缺乏在现实生活中决策行为的支持。因为在那个时候，学者认为没人能在没有随机数发生器的帮助下做出随机决定。混合策略博弈的便捷性可以为决策系统提供一个或多个精确稳定的纳什均衡解，在预测未来交通系统时，它被广泛用于模拟未来稳定的交通状况。

在混合博弈论的相关研究中，巩继伟等（2010）首先给出了纯策略集是紧度量空间的多目标连续混合博弈弱帕累托纳什均衡点的定义，证明了混合弱帕累托纳什均衡（1952 年格里克斯伯格证明的混合策略纳什均衡）的存在性[18]。邓宏钟等（2002）提出了一个多智能体建模与仿真的综合方法体系，对经济中的多智能体混合博弈进行仿真分析；通过分析经济系统中经济对象的博弈行为，利用群体仿真软件平台生成博弈模型；最后，研究分析了博弈对象数量、博弈半径和博弈规则对博弈结果的影响[19]。曾思育等（2001）首先从信息经济学的角度，分析了排污检查中管理者与被管理者之间的行为特征及关系，探讨了现有的控制方法，并在此基础上，以信息为控制重点，研究确定工业企业水污染物排放总量的科学方法[20]。王宇等（2013）基于博弈论的思想，提出了基于混合博弈的竞争模型，将合作博弈与非合作博弈相结合，根据服务类型将虚拟网络划分为不同的服务类型，并提出了相应的各种虚拟网络资源的动态分配方法[21]。

谢能刚等（2008）将设计变量集划分为每个参与者所拥有的策略空间来仿生蜥蝠群体的繁殖和生存机制，将繁殖蜥蝠的行为模式分别定义为集体主义、机会主义和利己主义。在这种假设下，多个设计目标被视为不同的博弈参与者。根据蜥蝠的行为特征，建立了蜥蝠自身博弈收益函数与目标函数的映射关系。其中，每个博弈者都以自身博弈的利润最大化为目标，在各自的策略空间内进行单目标优化，得到自己博弈中相对于其他博弈者的最佳博弈。所有参与方的最优博弈形成一轮博弈策略组合，并根据收敛性判断系统是否达到均衡[22]。赵俊军等（2014）认为驾驶员路径选择的有限理性与交通管理者完全理性的混合理性现象加剧了城市交通路径诱导出行行为的难度。具体来说，他首先基于混合博弈对有限路径选择行为进行了拓扑分析；其次基于混合博弈论，考虑驾驶经验和诱导信息下 3 种常见驾驶员路径选择行为，建立了混合博弈模型，模拟完全理性系统信息发布规律对有限理性驾驶员路径选择行为的影响；最后选取路径出行时间、拥堵指数、路径负荷、平均速度等 4 个评价指标，验证模型的合理性，并讨论模型的适用性[23]。刘宗谦等（2007）给出了有限完全信息静态博弈中混合策略的性质和均衡，并利用不动点定理证明了混合策略纳什均衡的存在性。为了强调紧度量空间是可用有限集充分逼近无限集的数学结构的一种应用，通过参照 Myerson 关于无限策略集的讨论，证明了相关的逼近定理，然后给出了连续对策中混合策略纳什均衡存在性的另一个证明[24]。

肖鹏等（2014）提出了一种基于混合博弈策略的云资源定价与交易模型。为了协调现有定价机制的效率和公平性，混合博弈策略模型将虚拟资源的分配和供应划分为两层博弈过程：上层采用对抗博弈策略平衡用户成本和资源提供者的收益，下层通过合作博弈策略优化云资源提供者的收益。通过理论分析，证明了该博弈模型的有效性，并给出了求解方法[25]。希莱尔·巴尔·杰拉等（Hillel Bar Gera，2013）在假设场景的对比中证明了用户均衡交通分配方法的计算精度的重要性[26]。Jiajun Zhu 等（2014）基于博弈论的理论和方法，将审计风险与审计统计抽样相结合，建立了基于不完全信息博弈的扩展审计模型。为了帮助审计人员提高成本控制的设计效果，根据泊松分布的点估计和区间估计的动态过程，对审计博弈的风险评估和决策优化过程进行了修正。最后，通过实例说明了扩展的审计博弈过程，验证了该方法的有效性[27]。Zhengtian Wu 等（2014）认为有限对策中纯策略纳什均衡的确定是一个 NP 难问题，很难用简单的枚举算法求解。利用纯策略和支付函数的各种性能，提出了一种新的混合 0-1 线性规划方法来计算所有纯策略的纳什均衡，数值结果表明该方法是有效的[28]。

2.4　遗传算法

早在 20 世纪 40 年代，一些学者就开始研究利用计算机进行生物模拟技术，从生物学的角度，开展了生物进化过程模拟和遗传过程模拟的研究工作。可以说，遗传算法是从生物系统的计算机模拟中衍生出来的。1965

年，霍兰德（Holland）教授首次提出了人工智能操作的重要性，并将其应用于自然系统和人工系统。1967 年，Holland 教授的学生巴格利（Bagley）首先提出了"遗传算法"这一术语，并创建了自适应遗传算法的概念。在此基础上，Bagley 发展了复制、显性、交叉、反转和突变的遗传算子，并成功尝试了将二倍体编码方法应用于个体编码。从那时起，Bagley 首次将遗传算法应用于目标函数优化。20 世纪 70 年代初，Holland 教授提出将模式定理作为遗传算法的基本定理，遗传算法的基本理论结构基本完成。模式定理表明，随着迭代次数的增加，种群中优秀个体的样本数量将呈指数增长，从而保证了遗传算法具有一个高效的优化过程，可用于寻找最优可行解。具体来说，遗传算法从满足约束条件解集的初始种群开始，任何种群都由一定数量的由基因编码的个体组成（常用的二进制编码方法）。遗传算法从编码后产生的第一代种群开始，按照优胜劣汰的原则，一代又一代地进化，生成越来越好的近似解。在每一代中，根据个体在满足约束条件的可行域内的适应度值选择最优个体，利用遗传算子判断是否进行变异和交叉，从而产生代表新解集的更好的种群。这个过程会导致后代比上一代更能适应环境，就像自然进化一样。解码后，上一代种群中的最优个体可以得到符合实际的近似最优解。

在遗传算法的相关研究中，李茂军等（2001）通过对单亲遗传算法（PGA）和传统遗传算法（TGA）的编码方式、操作流程、遗传算子和适应度计算进行比较分析，指出虽然 PGA 采用的是单亲育种模式，但其遗传操作与 TGA 有本质区别。但 PGA 的基因重组操作符暗示了编码 TGA 的序列号交叉操作符的功能，PGA 的后代保留了其亲本的大部分遗传特征[29]。琚洁慧（2005）提出了一种新的改进适应度函数遗传算法，该算法考虑了函数在搜索点处的值及其变化率。结果表明，该算法的收敛速度明显高于标准遗传算法[30]。黄克艰（2007）认为混流装配线的投产顺序问题是 JIT 生产方式中的一个重要问题。建立了最小化工位闲置和过载时间最小的混流装配线调度模型，使各装配线的负荷尽可能均衡，用遗传算法和 MATLAB

对算例进行了求解。实验结果表明，该方法能有效地减少停线现象，提高生产效率[31]。

范瑜等（2004）将阵列天线方向图综合技术作为智能天线的一项重要技术，对复杂系统的优化提出了更高的要求。他将差分进化的基本思想与遗传算法的基因交叉和变异相结合，构造了一种新的混合优化方法。该算法以差分进化算子为主要优化方法，结合了遗传算法优胜劣汰的基本思想和交叉变异方法，融合了两种优化方法的优点，可以显著提高多参数、高度非线性问题的优化结果，提高计算效率。计算机仿真结果表明，与现有算法相比，该算法具有收敛速度快、优化能力强、算法可靠等优点[32]。王晓华等（2012）认为支持向量机的参数设置是影响模型精度和稳定性的关键。固定参数设置往往不能满足优化模型的要求，使学习算法过于死板，无法体现算法的智能优势。因此，采用遗传算法对估计模型的参数进行优化，使估计模型更加灵活、智能化，更符合实际工程建模的需要[33]。冷亮等（2012）采用遗传算法求解目标的最优路径问题，通过改进遗传算法的一些参数和细节，提高了算法解决这一问题的能力[34]。

秦国经等（2011）介绍了遗传算法和基于遗传算法优化的 PID 控制设计。方法以绝对误差时间积分性能指标作为参数选择的最小目标函数，利用遗传算法的全局搜索能力，在不需要先验知识的情况下实现全局优化。结果与传统 PID 控制方法进行了比较，MATLAB 仿真结果表明采用遗传算法优化的 PID 控制器具有较好的动态质量和稳态精度[35]。王雪松等（2015）为了提高网络流量预测精度，克服小波神经网络收敛速度慢、易陷入局部最优的缺点，提出了一种基于遗传算法优化小波神经网络的网络流量预测模型。首先，计算延迟时间和嵌入维数，构造小波神经网络的学习样本；其次，利用小波神经网络对网络流训练集进行学习，并利用改进遗传算法对小波神经网络的参数进行全局优化，以提高收敛速度和网络学习精度；最后，利用网络流量数据对模型进行仿真分析。结果表明，与传统模型相比，该模型的平均误差大大减小，训练次数大幅减少，二次优化训练次数减少，具有较大的实际应用价值[36]。令狐选霞等（2001）针对遗传算法的局限性，将模糊思想应用于大变异运算，提出了模糊大变异运算；结合自适应遗传算法的思想、最优选择策略机制和过滤操作，提出了一种新的遗传算法结构混合遗传算法（Hybrid Genetic Algorithm，HGA）。HGA 既保证了算法的全局收敛性，又提高了算法的收敛速度和稳定性[37]。

2.5　交通分配

交通分配（Traffic Assignment）是交通预测四阶段法的最后一个阶段，是交通规划中的重要环节。传统的交通分配在现有或规划的道路网络上，运用用户均衡模型（User Equilibrium）或者随机用户均衡模型（Stochastic User Equilibrium），将 OD 出行矩阵分配给道路网络中的各条路段，从而推断目标年路段上的交通流量，当 OD 出行矩阵是已知且确定时的交通分配被称为静态交通分配。静态交通分配是在道路资源等交通供给情况以及交通出行者的交通出行需求状态已知的条件下，分析其最优的交通网络交通流量分布模式，通过一定的经济或者政策控制手段和信息发布诱导策略在空间、时间维度上重新合理配置人们已经产生的需求，从而使整个交通路网得以高效运行。而动态交通分配的前提条件是：① 道路网络级配和空间结构已知；② 路段属性、路段行驶时间函数已知；③ 实时变动的交通需求总量已知；④ 交通出行者能够获知交通路网及交通系统运转状况的全部信息，而且能够据此持续做出理性选择；⑤ 所有出行者的路线选择原则一致。在此前提条件下，交通分配就是根据出行 OD 分布矩阵求解整个道路网络中所有出行者的所有出行路径的实际发生交通流量，以对路网性能进行评价。

下面分别从静态交通分配和动态交通分配两个维度对前人的研究成果进行叙述：

吴超峰（2018）为了提高算法求解复杂场景下交通分配问题的效率和准确性，考虑了有限路段容量的交通分配问题和混合多用户交通分配问题。

首先，通过比较多种静态交通分配算法，采用基于可替换路径的交通分配算法，在增广拉格朗日乘子法的框架下，解决道路通行能力有限的交通分配问题的子问题；针对增广拉格朗日乘子法的缺点，设计了一种动态精度方法来求解子问题，验证了设计算法的效率和精度，以及动态精度的有效性，通过灵敏度分析，得到了最优动态精度步长。其次，针对混合多用户流量分配问题的变分不等式模型，基于对角化方法的框架，对网络中的用户类别和起点分别进行了对角化计算，并设计了基于用户类别和起点的对角化算法。最后，通过算例验证了该算法的有效性，分析了交通需求级别对算法收敛时间的影响以及每个用户的比例对系统总阻抗的影响[38]。姚凯斌（2017）试图将元胞传输模型（Cell Transmission Model，CTM）交通仿真技术应用于交通分配领域。① 在传统 CTM 的基础上，引入细胞的长度和密度，选择密度作为 CTM 每次迭代的细胞属性；同时，考虑入口道路的车道函数和交叉口的信号控制，提出了交叉口和入口道路的细胞划分方法，并提出了调节信号控制细胞发送流量的方法，从而构建适合城市路网的交通信息系统。仿真结果表明，I-CTM 仿真结果与 VISSIM 软件的仿真结果非常接近，且 I-CTM 能准确描述信号交叉口的队列形成和耗散过程。② 将 I-CTM 仿真粒度细化到单个车辆，实现单个车辆路径规划功能。同时，对已知路径条件下的车辆传动模型进行了修正，提出了考虑单个车辆的 IS-CTM 模型。以 IS-CTM 模型代替传统交通分配中的 BPR 函数作为计算路阻函数的方法，提出了一种基于 IS-CTM 的交通分配方法。算例表明，基于 IS-CTM 的交通分配方法与基于 BPR 函数的交通分配方法结果一致。③ 在 IS-CTM 的基础上，考虑到时变交通需求和时变路网的交通状态，提出了一个评价路网交通状态的方法，并设计了一套完整的模拟规则，包括一个有效的路径搜索算法，离散路径选择模型。为了验证基于 ID-CTM 的动态交通分配方法的可行性，将动态交通分配方法与 VISSIM 软件仿真结果进行了比较。结果表明，基于 ID-CTM 的交通分配方法是可行的，可以应用于实际的交通分配中[39]。

刘晓玲（2017）将拥堵路网的用户均衡交通流分配方法引入城市路网容量双层模型中，丰富了城市路网容量研究的理论体系，为城市道路交通规划管理与控制提供了一种新的思路。研究思路如下：首先，分析交通拥堵状态下的交通流运行特点，提出了描述拥堵情况下的路段行驶时间和路段流量拥堵路阻函数，并在此基础上研究了完全拥堵的道路网络用户均衡交通流分配问题。其次，将通畅路段和拥堵路段的阻抗函数相结合，构造扩展的道路阻抗函数，提出需求交通量和通过交通量的概念，并运用两者之间的关系来描述路段的通畅或拥堵状态。同时在此基础上，研究了通畅和拥挤路网的用户均衡交通分配问题，建立了求解路网容量的双层规划模型，上层为最大通过交通量模型，下层为通畅和拥挤路网的用户均衡交通流分配模型。最后，将提出的模型应用于某小型路网进行实例分析，得到了该小型路网的承载力计算值。结果表明，路网的需求交通量和通行交通量的变化趋势与实际交通现象相一致[40]。高苏銮（2012）针对我国城市交通的特点和存在的问题，建立了一种静态交通分配组合模型，并给出了求解包括组合模型在内的一般静态交通分配模型的新算法。在多对起始点和结束点（每个端点的状态相等）的道路网络中，有些端点的流量大，有些端点的流量小。为了避免这种情况的发生，交通分配尽量满足交通管理人员的安排，他在 OD 交通量固定、不同出行方式对称影响的前提下，建立了双交通量约束下的交通方式与路径随机选择的组合模型。在简单交通网络中的应用，说明了该模型的可行性。针对一般静态交通分配模型（仅包括线性等式约束和线性不等式约束）约束集的特点，提出了求解此类模型的新算法。该算法只需求解一个简单的二次规划问题即可得到下降方向，且步长的确定不需要线性搜索，大大提高了运算效率。在常见的静态交通分配模型（如用户均衡模型、系统最优模型、组合模型、随机用户均衡模型等）的求解中，该算法具有适用性。与相继平均法相比，新算法具有更高的效率[41]。

孙琦等（2021）在算法中插入阻抗计算流程，通过计算每个步骤的蚂蚁路径选择结果生成决策因子，并对算法参数进行相应的自适应调整，以模拟实际交通出行者的路径选择行为。该行为易于获得实时的交通信息且具有倾向性，从而在保证局部搜索效率的同时提高算法的求解质量和全局搜索能力。同时利用改进算法对模型进行求解。结果表明，改进算法的分布结果较好，路网的交通分布更加均衡，分散程度较小，路网的利用率较高。改进后的算法具有理论与实际相结合的优点[42]。张强（2020）以城市环岛区域路网为研究对象，考察了所选区域路网交通流状态随空间和时间的演化过程，并使用交通流分配理论将中央环形岛及其周边节点的交通流分配至整个道路网络，以最大化交通出行供给和需求之间的平衡，从而提高区域路网的运行效率，改善道路交通环境。在实证研究中，首先，通过前期的数据采集工作，对包头市的交通状况进行了分析，确定了研究区域，获得了主要道路的交通参数，根据车牌数据，分析研究区域内交通出行者的出行特征，得到研究区域交叉口间 OD 分布矩阵，为模型的建立和算法的实现奠定基础。其次，研究了动态交通分配的相关理论和模型，包括动态交通分配的符号、相关约束条件和动态交通分配的原理，并对动态交通分配模型的一些算法进行了阐述和分析。再次，在对包头市一宫环形岛周边区域路网研究的基础上，建立了动态交通用户优化模型，构建了 F-W 算法，并将该算法用于实例路网的交通分配。利用 Python 语言设计实现该算法，对区域路网进行了交通流分配研究，并对分配结果进行了分析。结果表明，经过区域路网的交通流分配后，岛屿周边的交通流有所减少，改善了岛屿周边的交通拥堵状况。最后，基于 PTV VISSIM 宏观交通仿真平台，对环岛中心路网进行动态用户优化分配。基于所构建的 F-W 算法，以包头市一宫环形岛周边区域路网为例，进行路网建模和交通分配，以更好地评价交通分配效果。将分配前后的结果导入 PTV VISSIM 仿真平台，对分配前后的流量进行仿真，并对分配前后的输出指标进行对比分析。仿真结果表明，车辆的平均延误降低了 20.11%，停车的数量减少了 20%，道路网络的平均速度提高了 14.03%，到达车辆的数量增加了 5.01%，中央广场的延迟也减少了 12.96%，路网和中心环岛的交通运营得到明显改善[43]。

朱泽坤（2020）基于动态交通分配，分析路网排放的均衡状态，为解决城市交通污染排放提供理论依据。首先，基于三角交通流基本图和累积到达出发地曲线，分析了车辆通过瓶颈路段的轨迹。车辆轨迹分为两种状态：自由流动状态和拥挤状态。同时，介绍了一个简化的基于统计的加速度模型来描述车辆的加速度特征，得到宏观的基于平均速度的修正路段排放模型，以更准确地计算车辆的路段排放。其次，利用累积"到达-离开"曲线来描述路段的供求关系，使动态网络负荷过程与路段排放模型自然融合。在路段排放分析中，先用图解法求得路段的边际出行排放，再用累加法求得路径的近似边际出行排放。在此基础上，建立了基于排放目标的动态用户优化和基于排放目标的动态系统优化两个网络均衡模型。两种模型均用变分不等式表示，并用不动点算法求解，通过实例验证了该模型的准确性。最后，在上述模型的基础上，提出了排放收费和道路限速两种排放管理方法，为实际的交通排放管理提供参考[44]。

荣博盛（2019）为了降低车辆 CO 排放和出行成本，构建了自动驾驶环境的连续 DTA 模型，设计了求解算法，并通过数值仿真验证了模型的有效性。首先，他从汽车尾气碳排放、连续动态交通流分配模型、自动驾驶 3 个方面对国内外的研究现状进行了分析和总结，找出存在的问题。其次，将研究区域视为一个二维连续体，以最小的出行成本和最小的 CO 排放为目标，考虑用户和车辆类型的差异，采用连续建模方法建立了 Hamilton-Jacobi（HJ）方程与双曲守恒律方程相结合的连续交通流分配模型。再次，设计了模型的数值算法，并验证了模型的有效性。采用有限体积法（FVM）求解该模型，采用快速步进算法求解 Eikonal 方程。最后，借助自动驾驶场景，以大型城市路网交通流为对象进行数值模拟，在模拟中加入弹性需求模型，分析目标路网区域的交通流密度变化、总出行成本变化和车辆 CO 排放等宏观现象，验证模型的合理性。构建的模型可以从宏观角度动态描述路网交通趋势，计算用户的动态出行成本和车辆 CO 排放成本，为大城

市高峰时段同时考虑出行成本、车辆 CO 排放的用户出行路径选择和动态
交通管理措施决策提供理论依据[45]。

2.6 神经网络

人工神经网络（Artificial Neural Networks，ANNS）简称神经网络（NNS）
或连接模型（Connection Model），它是一种模仿动物神经网络行为特征，
进行分布式并行信息处理的算法数学模型。这种网络依靠系统的复杂程度，
通过调整内部大量节点之间相互连接的关系，从而达到处理信息的目的。
人工神经网络是一种应用类似于大脑神经突触联接的结构进行信息处理的
数学模型。在工程与学术界也常直接简称为"神经网络"或"类神经网络"。
在理论模型研究的基础上构建具体的神经网络模型，以实现计算机模拟，
包括网络学习算法的研究。这方面的工作又被称为技术模型研究。

1943 年，心理学家 W. Mcculloch 和数理逻辑学家 W. Pitts 在分析、总
结神经元基本特性的基础上首先提出神经元的数学模型。此模型沿用至今，
并且直接影响着这一领域研究的进展。因而，他们两人可称为人工神经网
络研究的先驱。1945 年冯·诺依曼领导的设计小组试制成功存储程序式电
子计算机，标志着电子计算机时代的开始。1948 年，他在研究工作中比较
了人脑结构与存储程序式计算机的根本区别，提出了以简单神经元构成的
再生自动机网络结构。但是，由于指令存储式计算机技术的发展非常迅速，
他放弃了神经网络研究的新途径，继续投身于指令存储式计算机技术的研
究，并在此领域做出了巨大贡献。虽然，冯·诺依曼的名字是与普通计算
机联系在一起的，但他也是人工神经网络研究的先驱之一。

20 世纪 50 年代末，F. Rosenblatt 设计制作了"感知机"，它是一种多
层的神经网络。这项工作首次把人工神经网络的研究从理论探讨付诸工程
实践。当时，世界上许多实验室仿效制作感知机，分别应用于文字识别、
声音识别、声呐信号识别以及学习记忆问题的研究。然而，这次人工神经

网络的研究高潮未能持续很久，许多人陆续放弃了这方面的研究工作。这是因为当时数字计算机的发展处于全盛时期，许多人误以为数字计算机可以解决人工智能、模式识别、专家系统等方面的一切问题，使感知机的工作得不到重视。其次，当时的电子技术工艺水平比较落后，主要的元件是电子管或晶体管，利用它们制作的神经网络体积庞大、价格昂贵，要制作在规模上与真实的神经网络相似的是完全不可能的。另外，在 1968 年一本名为《感知机》的著作中指出线性感知机功能是有限的，它不能解决如异或运算这样的基本问题，而且多层网络还不能找到有效的计算方法，这些论点使大批研究人员对于人工神经网络的前景失去信心。

20 世纪 60 年代末期，人工神经网络的研究进入低潮。另外，在 60 年代初期，Widrow 提出了自适应线性元件网络，这是一种连续取值的线性加权求和阈值网络。后来，在此基础上发展了非线性多层自适应网络。当时，这些工作虽未标出神经网络的名称，而实际上就是一种人工神经网络模型。随着人们对感知机兴趣的衰退，神经网络的研究沉寂了相当长的时间。80 年代初期，模拟与数字混合的超大规模集成电路制作技术提高到新的水平，完全付诸实用化。此外，数字计算机的发展在若干应用领域遇到困难。这一背景预示，向人工神经网络寻求出路的时机已经成熟。美国的物理学家 Hopfield 于 1982 年和 1984 年在美国科学院院刊上发表了两篇关于人工神经网络研究的论文，引起了巨大的反响。人们重新认识到神经网络的威力以及付诸应用的现实性。随即，一大批学者和研究人员围绕着 Hopfield 提出的方法展开了进一步的工作，形成了 80 年代中期以来人工神经网络的研究热潮。

神经网络用到的算法就是向量乘法，并且广泛采用符号函数及其各种逼近。并行、容错、可以硬件实现以及自我学习特性，是神经网络的几个基本优点，也是神经网络计算方法与传统方法的区别所在。神经网络是通过对人脑的基本单元——神经元的建模和联接,探索模拟人脑神经系统功能的模型，并研制一种具有学习、联想、记忆和模式识别等智能信息处理功能的人工系统。神经网络的一个重要特性是它能够从环境中学习，并把学习的结果分布存储于网络的突触连接中。神经网络的学习是一个过程，在其所处环境的激励下，相继给网络输入一些样本模式，并按照一定的规则（学习算法）调整网络各层的权值矩阵，待网络各层权值都收敛到一定值，学习过程结束。然后我们就可以用生成的神经网络来对真实数据进行分类。

在神经网络的相关研究中，程一等（2021）提出了一种基于深度学习的航空重力梯度测量误差补偿方法。利用机载试验实测数据建立数据集，建立并训练神经网络，将梯度仪的运动参数映射到梯度仪的输出噪声。利用神经网络对梯度仪的输出噪声进行预测，以补偿其他测量数据的误差。结果表明，预测的梯度仪输出噪声与实际输出噪声非常接近，补偿后梯度仪输出噪声下降超过一个数量级，补偿和样机指标的误差水平接近[46]。李雷等（2021）使用DYNAFORM数值模拟、人工神经网络和NSGA-2多目标遗传算法作为研究方法，以奥氏体不锈钢大型封头为研究对象，上、下模误差，下模圆角半径，拉延筋高度和拉延筋位置作为优化变量，将厚度不均匀性、回弹量、起皱作为优化指标，利用人工神经网络分析优化变量与优化指标之间的关系，并利用NSGA-2多目标遗传算法对人工神经网络进行优化，得到Pareto前沿解集。最后，从Pareto前沿解集中选择较合适的解：上下模间隙为10.99 mm，下模圆角半径为44.96 mm，拉延筋高度为39.97 mm，拉延筋相对位置为0.4。此时回弹、厚度不均匀、起皱3个指标较小且平衡。通过对这些优化工艺参数进行试制，获得了无起皱、表面光滑、厚度均匀、回弹较小的封头部件[47]。李翀等（2021）针对电能表的需求预测问题，建立了基于Shapley和神经网络组合模型的电能表合理优化配置模型，以提高需求预测的准确性。通过挖掘历史数据，利用Holt-Winters、BP神经网络和RBF神经网络模型分别对电能表的需求进行预测、比较和分析，并引入Shapley法将3个预测模型结合起来，得到相应模型的权重，得到最优的生产调度方案。仿真结果表明，RBF神经网络模型的预测精度高于BP神经网络和Holt-Winters模型。与单一模型相比，Shapley模型具有更好的精度和实用性，有助于电网公司建立高效、科学的生产调度计划[48]。

丁飞等（2021）将狮子群算法的迁移机制和海鸥算法螺旋搜索机制相结合，提高了算法的局部搜索能力；同时，增加了监督机制，提高了算法的全局搜索能力。通过与粒子群优化算法和狮子群优化算法的比较，在常用测试函数上验证了改进的狮子群优化算法的优点。采用改进的狮子群算法对 BP 神经网络模型进行优化研究房价预测问题，通过户型、面积等相关指标对青岛市二手房价格进行有效预测。改进后的狮子群算法对 BP 神经网络的权值和偏差进行优化，以提高 BP 神经网络的收敛速度和训练精度。实验结果表明，SLSO-BP 模型对房价有较好的预测效果[49]。张会云等（2021）构建了基于注意机制的异构并行声学模型 AHPCL 用于语音情感识别。模型包括两个异构并行分支和一个注意力机制：左分支包括两个完整的连接层和一个 LSTM 层；右分支由一个完全的分支连接层，一个卷积和一个 LSTM 层构成；注意力机制由一个完整的连接层和一个注意层构成。其中，卷积层提取语音情感的空间频谱特征，LSTM 层提取语音情感的时间序列特征，注意层根据不同时间序列特征对语音情感的贡献分配权重。所提出的声学模型 AHPCL 在 CASIA、EMODB 和 SAVEE 上的未加权平均召回率分别为 86.02%、84.03% 和 64.06%；与基线模型 LENET、DNN-ELM 和 TSFFCNN 相比，该模型的性能更好[50]。关成立等（2021）阐述了反向传播神经网络的工作原理，研究了 BP 神经网络仿真预测模型在公共安全和防灾、教育、医疗、环保、交通、农业等社会经济发展的典型领域中的应用。工业和第三产业经济研究表明，BP 神经网络具有广泛的适用性和应用价值[51]。

孙歧峰等（2021）针对方位角伽马随钻测井实时数据传输信息有限、解释困难的问题，将人工智能与随钻测井解释相结合以提高实时数据处理的精度和效率，阐述了具体方法并对所提出的方法进行了验证和应用。通过研究方位角伽马测井曲线的地层响应特征，基于小波变换模极大值法，初步确定地层变化位置和动态阈值，进而得到描述地层边界的轮廓点集合。基于长时记忆和短时记忆神经网络，设计分类器模型来判断轮廓点集合所描述的地层信息的真实性，从而提高编队识别的准确性。结合非线性最小二乘法，实现了相对倾角的计算。方位角伽马数据解释和随钻实时数据处理的应用结果表明，该方法能有效、准确地判断地层变化，提高倾角解释的精度，满足随钻实时地质导向的需要[52]。

徐晶珺等（2021）针对传统液压机组故障类型识别中人工参与、效率低的问题，引入细粒度模型，基于轴向轨迹图中包含的丰富信息来区分故障的严重程度，提出了一种基于卷积神经网络的水电机组轴向轨迹类型智能识别方法。首先，建立了水电机组四种故障严重程度的评价标准和相应的两种轴向轨迹细粒度数据库；采用改进过卷积层和池化层参数的卷积神经网络模型对数据库进行了仿真，并与全连接网络的仿真结果进行了比较。结果表明，该方法对轴轨迹故障类型的识别率为 98.75%，严重程度的识别率为 98.33%，与维数指标相比，该方法提出的细粒度分类的维数指标具有更好的状态描述能力。这也符合液压单元故障诊断的发展趋势，基于卷积神经网络技术的轴向轨迹识别算法对机组故障诊断具有重要价值[53]。

杨立东等（2021）针对音频场景识别建模困难、识别精度低的问题，提出了一种集成多种优化机制的并行卷积递归神经网络算法模型。首先将音频信号经过预处理转化为一定尺寸的 Mel 谱图，然后输入网络模型进行充分学习，最后进行识别。为了验证模型的有效性，在 DCASE2019 音频场景数据集上测试了识别性能。结果表明，该算法模型对音频场景的识别准确率可达 88.84%，优于传统的网络模型，表明该算法模型对音频场景识别的有效性[54]。

2.7　交通需求管理

交通需求管理是指为了提高交通系统效率、实现特定目标（如减少交通拥挤、节约道路及停车费用、改善安全、改善非驾驶员出行、节约能源、减少污染等）所采取的影响出行行为的政策、技术与管理措施的总称。交通需求管理所要解决的最根本的问题就是交通需求和交通供给之间的矛盾。随着社会进步、人们生活水平的提高，交通需求不断增大。长期以来，交通工程师们为了解决此问题而增大交通供给。然而交通供给不可能无限制地增长，它将受到土地这种不可再生资源的条件约束。于是人们开始寻求新的解决方法——管理交通需求。解决大城市交通问题的理念由单纯提高供给，转为对交通需求进行控制上来。其效果已经被很多城市有效的交通改善成果所证实。交通需求管理的迅猛发展，正说明从交通需求解决交通问题的思路已经得到了业内人士的认同。

交通需求管理就是在满足资源（土地、能源）和环境容量限制条件下，根据出行过程所表现的时空消耗特性，以政府为主导，综合运用土地利用规划、经济杠杆、政策和法规，及交通管理、控制和设计等手段，对交通需求总量、出行方式及时空分布进行科学管控，从而使供需在不同的阶段和层次上达到相对平衡，保证城市交通系统的可持续发展。交通需求管理通过上述手段，促进交通参与者交通选择行动的变更，目的是减少机动车出行量，使需求在时间、空间上均匀化，从而减轻或消除交通拥挤。从这层意义上来说，交通需求管理的作用贯穿于出行的全过程，影响整个出行链中的出行生成、出行目的、出行时间、出行方式、出行路线等多个环节。

综观世界各国交通需求管理的实践，仔细分析交通需求管理的各种措施，将交通需求管理的目的归纳为：促进与完善交通规划与交通管制的互动反馈作用，减少或避免不必要的交通发生源和吸引源。协调和处理有限的城市空间与不同的道路交通设施之间的矛盾，实现在有限的城市空间内形成最大效能的交通设施能力。促进公共交通的发展，充分发挥公共交通的运能优势，引导其他交通方式的合理使用，形成城市最佳交通结构。缓解有限的道路交通资源与不断增长的交通需求之间的矛盾，合理控制道路上的私车交通总量，引导人们理智使用道路交通资源，使道路交通设施得到最充分和最有效的利用。

交通需求管理是对交通源的管理，是一种政策性管理，它通过一系列的政策措施来降低出行需求量、优化交通结构。基于我国现有的国情和实际交通情况，一般可以采用以下几类交通需求管理策略：① 优先发展策略。在城市道路交通的各种出行方式中，不同交通方式的道路空间占有要求、环境污染程度和能源消耗量等均有较大的差异。优先发展策略就是对某些人均占地要求少、环境污染轻、能源消耗小的交通方式实行优先发展，并根据城市道路网络、能源拥有及环境控制等实际情况，制定优先发展的实施措施。② 限制发展策略。在已有的道路交通网络中，当总体的交通负荷达到一定水平时，交通拥挤就会加重。这时，必须对某一些交通工具实施限制（控制）发展，以保证整体交通水平的均衡。通常被限制的都是运输效率低、车辆状况差、污染大、能耗高的交通工具。③ 禁止出行策略。在特大城市、大城市中心区域出现道路网络的总体负荷水平接近饱和或者局部超饱和时，就应采取暂时或较长时间的禁止某些交通工具在某些区域内或某个时段内出行的管理策略。④ 经济杠杆策略。经济杠杆策略是通过经济手段来调整出行分布或减少某类交通出行需求的管理措施。比如：在交通密度较大的城市中心区域收取高额的停车费来减少中心区的车辆，同时降低换乘费用来鼓励车辆驾驶人换乘公交前往目的地（中心区）；在适当的时候收取一定的拥堵费以求减少车辆出行需求；对鼓励发展的车辆采取低收费，而对限制发展的车辆采取高收费等调整交通结构，以改善交通状况。

交通需求管理同其他任何一项管理措施一样，实施适当就能促进城市经济的发展、交通的流畅；实施不当则会影响城市经济的正常发展。因此，要确立实施的若干基本原则，以保证交通需求管理措施的有效性，并尽量减少负面影响。

（1）公平合理的原则。交通是为了满足全体市民的出行需要，必须体现公平的原则，不仅要改善少数人出行条件，更要解决广大市民特别是工薪人员和学生的上班、上学出行，不能只为小汽车行驶得快速、舒适，而忽略广大民众的步行、骑自行车与乘公交车条件的改善，要统筹兼顾。

（2）经济与环境可持续发展的原则。城市交通是城市经济与社会可持续发展的重要条件，交通需求管理不能以抑制社会经济发展为代价，也不能以恶化环境为代价来换取交通的改善，而要在保证经济与环境可持续发展的前提下，各得其利，即在改善交通的同时促进经济发展与环境的改善。

（3）有偿使用等价交换的原则。从某种意义上来说，交通设施也是一种产品，作为产品就不能无偿占用，必须有偿使用，因此交通需求管理要体现等价交换原则。如对于占用土地资源城市空间较多的个体、低效机动交通方式收费太低，会导致使用者过多，总体效益下降，道路设施供不应求，最终导致交通阻塞。对于占用土地空间资源较少的高效公共交通系统，其舒适性差、速度低，收费不能太高，必要时政府还要适当补贴，以提高城市交通系统的总体效益，满足城市社会经济的发展和居民的出行需求，即通过经济方面的调控，优化城市交通结构，发挥道路设施的潜在能力。

（4）道路时空资源高效利用原则。通过交通需求管理，充分利用现有的道路时空资源，使道路网无论在空间或时间方面，均能得到充分高效的利用，即尽可能使车流量较为均匀地分布在全市道路网络上，在一天的时间内也尽可能地减少过分集中现象。

（5）多方结合协调发展的原则。城市发展是一个长期过程，近期的各项建设与用地规划，必须考虑城市远期的发展目标，要远近结合两相适应，在交通需求管理规划编制与采取具体措施时，要全面分析并认真细致比较，防止产生新矛盾，或形成互不协调。交通需求管理政策、措施与方案应坚持宏观与微观相结合的原则，个别服从整体、局部服从全局。首先应通过宏观分析制定需求管理的总体战略方案，而局部的交通需求管理措施应在宏观战略指导与微观分析的基础上，制定具体的有效措施，两者应分工合作，紧密结合、相互协调。

（6）采取因地制宜经济适用的原则。交通需求管理的策略方案、办法措施不能千篇一律，生搬硬套。对不同的用地性质、街区环境、区位、路网结构、交通结构、车辆组成、管理体制等，能否采用，是否适合、有效，均应瞻前顾后、具体分析、多方思考、充分论证，务求实效、经济适用。

（7）社会可接受原则。交通需求管理的政策措施，涉及面很广，特别是道路使用者、有关部门及公安交管等各个方面，要取得成功、收到实效，必须获得各方面的理解、信任和支持，特别是使用者的理解和支持。要取得他们的理解与支持，首先要让他们乐于接受或愿意接受。他们不愿接受则无法获得成功，这是非常重要的前提。

（8）尽可能选用先进的技术与智能设备。要提高科技是第一生产力的认识，努力研发新的科技产品并在实际工作中大力推行和选用集约、高效的先进技术与智能设备。

从交通出行的几个阶段来看，主要措施包括：在出行产生阶段，尽量减少弹性出行的产生。如以电信方式代替出行（电信会亲访友、网上购物、电视电话会议、网络办公/电子通勤等）；压缩工作日，在一段时间内，延长一天的工作时间，减少工作的天数；通过行政手段，限制车辆的拥有等。在出行分布阶段，将出行由交通拥挤的目的点向非拥挤的目的点转移。如实行区域限行措施，城市布局优化。在出行方式选择阶段，将出行方式由小汽车方式向集约化方式转移。如对小汽车方式实行抑制措施（如停车费、通行费）或对公交、自行车、步行等交通方式实行鼓励措施（如乘车费的调整、公交优先、自行车及步行环境改善等），以促进人们选择集约化或低耗能的交通方式，保持各种运输方式宏观上的供需平衡。在空间路线选择阶段，将出行由交通拥挤的路线向非拥挤的路线转移。如采用先进的信息技术向出行者提供实时交通信息，或通过强制收费或价格优惠，使出行者避开拥挤路段等。在时间段的选择阶段，将出行由交通拥挤的时间段向非拥挤的时间段转移，如采用先进的信息技术、向出行者提供实时交通信息、错时出勤或通过价格策略，使出行者避开拥挤时段。

交通需求管理的相关研究如下：范晓威等（2021）以第七届世界军事运动会（武汉军事运动会）为例，结合武汉市自身交通需求特点和要求，结合当前军事运动会提出了大型活动交通需求管理政策的具体规则，并对其实施效果和社会影响进行评价。评价结果表明，交通需求管理政策可以用来减少城市居民的日常出行对大型活动的影响，这赢得了武汉市民的高度支持与合作，并确保专用车辆的到达和离开的时间，以有序的方式实现"双赢"的政策实施效果[55]。李晓玉等（2020）系统总结和分析了广州市交通需求管理策略的应用措施。首先，总结了广州市交通需求管理策略的发展历程，结合广州市不同出行阶段实施需求管理的目标、策略和手段，构建了广州市交通需求管理措施的基本框架；其次，系统分析了广州市在出行生成与分配、出行方式选择和时空分布调整阶段实施的交通需求管理政策；最后，从规划指导、数据支撑、技术手段等方面对城市交通需求管理规划应用系统建设提出了一些思考[56]。马骁（2019）系统回顾了国内外城市交通需求管理政策的实践经验和教训，如公交改进、拥堵费、低排放面积、车辆尾数限制、停车费、配额拍卖等，总结并提出了我国城市可持续发展交通需求管理的建议[57]。刘炳全等（2020）通过对私家车和城市轨道两种交通出行方式的交通出行需求分析，考虑私家车模式的目的地停车服务，建立了以路段环境容量和目的地停车需求容量联合约束的交通需求管理模型。该模型中路网用户的出行方式采用二进制 Logit 模型计算，而私家车的路径选择行为遵循 Logit 随机用户均衡，因此该模型是一个不动点约束的数学规划问题。针对该模型求解难度大等问题，采用灵敏度分析来获取各路段流量和需求量关于目的地容量波动的梯度信息，设计了一种新的灵敏度分析算法。最后通过数值仿真实验验证了算法的有效性，并分析了不同停车收费参数对模型各指标变化趋势的影响[58]。禹乐文等（2019）根据需求管理的 4 个层次，探讨了碳排放对需求管理措施的影响，并在此基础上，基于出行分布熵模型，建立了低碳背景下需求管理多目标双层次规划模型，然后通过停车换乘（P&R）的系统案例，使用遗传算法，利用 MATLAB，TransCAD 和其他软件进行求解，并对模型的可靠性和准确性进行了分析[59]。

余水仙等（2020）系统回顾了北京、上海、南京、香港、新加坡、东京等特大城市交通需求管理政策的制定过程，对典型政策的实施进行了分析和探讨，对政策实施的全过程进行了跟踪和评价。针对特大城市交通需求调控政策，提出了优化实施时间，以转变行政手段为主要指导、以提高城市交通需求管理水平为目标的发展建议。以经济手段的转变为主导，从强制控制车辆拥有率向强制控制车辆使用率的转变，综合采取各种配套政策，建立长期的后评价机制[60]。熊杰等（2019）在阐述城市交通需求管理内涵的基础上，结合大数据和信息产业的应用背景，提出了以大数据为支撑的交通需求管理系统框架。然后从出行总量控制、出行分布调整、出行时间平衡、出行空间平衡和交通结构优化 5 个维度分析了城市交通需求管理政策的制定思路和机制。最后阐述了大数据对交通需求管理策略绩效评价的支撑作用[61]。蔡润林等（2018）通过对苏州交通发展现状和挑战的分析，以及未来发展趋势的分析，明确了交通政策的制定方向；并在分析现有交通政策的基础上，借鉴先进城市的经验，构建了苏州交通政策的发展目标和框架，包括交通用地、投资、设施建设、市场运作、需求管理、交通环境等。在此基础上，提出了差异化停车费、客车总量控制、古城交通拥堵控制、公交票价、电动自行车管理等交通需求管理政策指引，并确定了实施方案[62]。

包贤珍（2017）基于新加坡、上海等城市交通需求管理策略的经验，结合深圳城市交通需求管理现状，从交通出行生成、出行分布、出行方式选择和出行时间空间分布 4 个不同阶段，探讨了汽车增量调控背景下深圳市交通需求管理策略的优化建议和发展方向[63]。李庆印等（2016）针对交通需求管理措施之间缺乏协调机制的问题，从交通需求管理的发展现状出发，分析总结了需求管理措施和机制的优缺点；提出了交通需求的虚拟化、秩序化、多样化和依存性特征，分析了其对交通需求管理的影响；最后结合多年的交通管理经验，提出了以综合交通规划为主，辅以现代信息技术和经济手段的需求管理机制的创新理念，并从 3 个方面研究了交通需求管理机制的创新应用措施，可为城市交通管理政策的制定提供指导和参考[64]。张卫华等（2015）考虑出行者出行行为与交通系统运行状态、交通系统能耗之间的关系，建立了公交和私家车双模式下的随机用户均衡模型和交通系统达到平衡状态时的总能耗模型，阐明了通过调节出行行为来控制交通能耗的出行需求管理政策机制，并将交通政策抽象为双层规划模型。实例分析表明，该模型能够定量反映不同交通需求条件下实施道路拥堵收费和公交优先措施对交通能源消耗的影响[65]。沈颖洁等（2014）分析了南京郊区（东山、秣陵街道）通勤交通的特点及存在的问题，从土地利用、交通方式多样化、机动车管理等方面提出了相应的长途通勤出行的综合交通需求管理策略，从而达到优化郊区通勤交通结构，提高郊区通勤质量的目的，为进一步实施交通需求管理提供了参考[66]。谭永朝等（2012）为全面、科学地评价杭州市"错峰限行"交通需求管理措施的实施效果，总结实施经验，对措施的决策、实施和效果评价进行了研究。首先，介绍了措施的具体内容和背景。其次，描述了决策过程中的考虑因素和组织实施的特点。根据近 6 个月的实时监测和动态评价，分析了"错峰限行"措施实施后城市交通运营的变化和公众感受。最后，指出由于最大化考虑公众的情绪在决策和实施过程中，实施"错峰限行"措施对改善交通拥堵不仅有明显的影响，而且赢得了大多数公众的支持[67]。

PART THREE

第 3 章

基于混合博弈理论和后悔理论的交通模型搭建

3.1 研究背景

随着城市化的不断推进，我国城镇化水平进入了新的发展阶段，尤其是近几年城市规模和基础设施发展迅速，大批城市纷纷完成新城区的基础开发工作，发展至今，新老城区共同承担起城市的基本功能。而对于我国大量中小城市而言，随着中小城市居民生活水平逐步提高，中小城市居民的私家车出行逐渐成为主要的出行方式。可见我国中小城市的城市化水平发展进入新的阶段，但也对中小城市的交通环境提出了更高的要求。在城市中心商业区，土地资源紧张，停车需求大，交通环境紧张，"停车难"的问题尤其严重（见图 3-1）。为了缓解交通拥挤问题，需要合理预测商业区的停车需求，对区域停车位进行合理规划与布局。

图 3-1　长春某商场停车场上万免费停车位全部爆满

我国中小城市新城区的建成通常又以新的商业中心落成为重要标志，新商业中心与老城区商业中心共同组成了城市居民的购物集聚地。购物出行的空间集聚性和时间集聚性较高，再加上新老城区的道路交通条件不同，以至不加引导的购物出行极易引起局部交通拥堵，而通过制定有针对性的交通需求管理政策来引导交通出行成为当下大城市治理交通拥堵的重要手段。但是我国大多数四五线城市的交通管理部门较少通过交通需求管理的手段来合理分配交通资源，他们往往通过拓宽道路、修建高架桥、提高道路服务水平的方式来试图改善交通拥堵情况。但是当城市规模发展到一定阶段的时候，土地资源日益紧张，仅仅通过提高交通供给的方式来改善交通状况将面临困难。因此，四五线城市有必要学习借鉴一二线城市的交通管理经验，尽快提高交通需求管理的能力和水平，以应对未来交通供给能力遇到瓶颈后如何进一步改善交通拥堵情况的现实问题。而停车收费差异化管理已逐渐成为当下大城市治理交通拥堵的重要手段。差异化停车收费通常采用分地类地块、分区域进行收费的模式，这种管理手段被证实在提高公交出行比例、减少不必要的小汽车出行方面有突出作用。然而对不同的商业中心采用不同的收费标准的管理方式并不常见，而我国中小城市商业中心附近路段发生交通拥堵已成为常态，因此，有必要将差异化停车收费管理手段运用到商业中心的停车管理中来。

具体来说，本章主要讨论以下问题：现有商业中心停车场的停车收费标准大多由商场自主制定，能否通过政策指引实施差异化的停车收费政策来引导全市域范围内的购物休闲娱乐出行？通过政策指引实施差异化的停车收费政策会对新老商业中心的商业活动产生哪些有利和不利的影响？这对交通拥堵的改善效果如何？

3.2 交通场景的建立

首先搭建简单交通出行选择场景，以研究商业中心停车需求受出行距离远近、路段拥挤程度、停车收费政策差异的影响问题。

如图 3-2 所示，具体的交通场景表述如下：居民小区 Z 位于商业中心 A 和商业中心 B 之间，小区 Z 的居民通常采用自驾出行的方式前往商业中心 A 或 B 购物娱乐出行，出行路径分别为路线 1 和路线 2。

图 3-2　交通模型示意图

由于道路资源的有限性，交通出行者出行选择的效果和收益必将会受到其他交通出行者选择的影响。具体在该场景中，某小区 Z 的居民 i 选择 A 或 B 的出行费用会受到位于小区 Z 的其他居民的选择结果的影响（如当大多数居民选择 A 时，那么在路段 1 和路段 2 等距的条件下，受到交通拥堵的影响，居民 i 选择 A 的出行费用会高于选择 B 的出行费用），也就是说该场景下的交通出行者的出行选择过程包含潜在的博弈过程。

3.3　混合博弈模型的搭建

这里将所建模型分为有、无差异化停车收费管理措施下的出行方式选择博弈模型。两个博弈的参与者和策略集相同，区别在于博弈的效用函数，故不再分述两个模型的参与者和策略集。① 博弈的参与者，博弈的参与者为居民区 Z 内的 n 个出行者。② 博弈的策略集，博弈包含去往商业中心 A 和商业中心 B 两个策略。对于每个博弈参与者 i 而言，其策略集 S_i 为：选择去往商业中心 A 出行，记为 $m_i = 1$；选择去往商业中心 B，记为 $m_i = 0$。③ 博弈的效用函数，根据博弈理论对于博弈参与者 i 而言，其效用 U_i 应是所有出行者选择策略的函数，即

$$u_i(S_1, S_2, \cdots, S_n) = u_i(m_1, m_2, \cdots, m_n)$$

式中，m_i 为出行者的策略，$m_i = 1$ 为去往商业中心 A 出行，$m_i = 0$ 为去往商业中心 B 出行。

本章将博弈参与者的效用定义为出行成本的负数，出行成本越小，效用越大。效用函数包括有、无差异化停车收费政策下去往两个商业中心的出行策略，一共 4 个函数。

（1）当无差异化停车收费管理措施时。

商业中心 A 和 B 实施同等水平的停车收费费率，则居住区 Z 内的交通出行者 i 去往商业中心 A 的出行效用函数为：

$$u_{iA} = -\gamma \cdot t_c(q_A) - k$$

式中，u_{iA} 为无差异化停车收费费率时小区 Z 的出行者 i 选择去往商业中心 A 的效用；γ 为时间价值；$t_c(q_A)$ 为小汽车通行时间函数，是路段 Z—A 的交通量 q_A 的函数；k 为商业中心停车费用。

居住区 Z 内的交通出行者 i 去往商业中心 B 的出行效用函数为：

$$u_{iB} = -\gamma \cdot t_c(q_B) - k$$

式中，u_{iB} 为无差异化停车收费费率时小区 Z 的出行者 i 选择去往商业中心 B 的效用；q_B 是路段 Z—B 的交通量的函数。

（2）当存在差异化停车收费管理措施时。

商业中心 A 和 B 实施不同水平的停车收费费率，则居住区 Z 内的交通出行者 i 去往商业中心 A 的出行效用函数为：

$$u_{iA} = -\gamma \cdot t_c(q_A) - k_A$$

式中，k_A 是商业中心 A 的停车收费费用。

此时，居住区 Z 内的交通出行者 i 去往商业中心 B 的出行效用函数为：

$$u_{iB} = -\gamma \cdot t_c(q_B) - k_B$$

式中，k_B 是商业中心 B 的停车收费费用。

该交通选择模型通过时间价值 γ 将交通出行者的出行时间成本转化为

金钱成本，这里假设居民小区 Z 中的所有交通出行者具有同等的时间价值，而出行时间的函数采用 BPR 函数的形式。

随着我国社会经济的快速发展、城市化进程的不断加快，城市规模越来越大，机动车保有量逐年提高，交通拥堵、环境污染、停车困难等问题成为常态。快速增长的交通需求与有限的交通供给是导致以上问题的内在原因。为解决这些交通问题，需进行科学规划与管理，对机动车进行合理疏导，合理分配交通资源，提高道路利用率。这些工作通常建立在合理的道路网络流量预测与分配基础之上，其中道路阻抗，即路段行程时间（或距离、费用等）与路段交通负荷之间的关系，是出行者选择路径时必须考虑的因素，而路径选择的差异会导致路网中交通量分配的差异，所以道路阻抗对出行者和整个路网的效率具有重大意义，对交通分配和路网规划具有重要影响。

为量化道路阻抗对出行者出行路径选择的影响，把握交通量在路网上的分配，缓解因供需不匹配导致的拥堵问题，各国学者对道路阻抗进行了深入研究，取得了较多成果。以美国联邦公路局（Bureau of Public Roads，BPR）道路阻抗函数（以下简称"路阻函数"）为代表的一系列路阻函数早已广泛应用于交通分配和路网规划中。1966 年美国联邦公路局在对大量路段进行交通调查的基础上总结得出了路段行程时间与道路流量的关系式，即 BPR 路阻函数模型。其对道路阻抗的实质把握得非常准确且具有良好的数学性质，在国际上应用最为广泛，具体如下所示：

$$t_c(q) = t_{c0} \cdot \left[1 + \alpha \cdot \left(\frac{q}{c} \right)^{\beta} \right]$$

式中，t_{c0} 为小汽车的自由流通行时间；q 为路段交通流量；c 为道路通行能力；α 和 β 为 BPR 函数默认参数。

其中，自由流通行时间 t_{c0} 等于小区 Z 距离两商业中心的路段长度除以自由流通行速度。自由流通行速度又和道路条件有关。路段交通流量 q 由小区 Z 居民的交通选择结果和背景交通量组成，背景交通量可以反映小区 Z 居民进行出行选择时的两个备选路线的拥堵程度。

背景交通量为该场景出行者进行出行选择前道路网络中已有的交通量，不同时段的背景交通量显然不同，可以认为背景交通量为服从某正态分布的随机数。根据路网实际情况，确定该模型中某路段的背景交通量等于该路段通行能力乘以系数 k_{bj}，系数 k_{bji} 为服从均值 μ_i，标准差 σ_i 为正态分布的随机数，具体公式如下：

$$q_{bji} = k_{bji} \cdot c_i = \frac{1}{\sqrt{2\pi} \cdot (\sigma_i)} \cdot \exp\left(-\frac{(x-\mu_i)^2}{2 \cdot (\sigma_i)^2}\right) \cdot c_i$$

式中，q_{bji} 为路段 i 的背景交通量（veh/h）；k_{bji} 为路段 i 的背景交通量修正系数。

传统的交通预测模型是交通四阶段法，它以居民出行调查（Person Trip Survey）为基础，由交通生成（Trip Generation/Attraction）、交通分布（Trip Distribution）、交通方式划分（Model Split）、交通量分配（Traffic Assignment）4 个阶段组成。四阶段法以 1962 年美国芝加哥市发表的 *Chicago Area Transportation Study* 为标志，使交通规划理论和方法得以诞生。1962 年美国制定的联邦公路法规定凡 5 万人口以上城市，必须制定以城市综合交通调查为基础的都市圈交通规划，方可得到联邦政府的公路建设财政补贴。该项法律直接促成交通规划理论和方法的形成及发展。开始，交通预测只是关于交通发生、交通分布、交通分配 3 个阶段的预测。20 世纪 60 年代后期，日本广岛都市圈的交通规划首次提出了对不同交通方式进行划分这一新的预测内容。此后，交通规划变成了交通发生、交通分布、交通方式划分和交通分配 4 个步骤，这就是交通规划的四阶段法（也叫四步法）理论。后来人们将交通方式划分与其他 3 个步骤做了不同形式的结合，相应地得出各类预测方法。这些都归入四阶段法。

经典的四阶段模型包括出行生成、出行分布、出行方式划分和交通分配 4 个部分。出行生成，包括出行产生量和吸引量，目的是获得对应经济发展规模、人口规模和土地利用特征下，各交通小区的出行总量，主要预测方法有家庭类别法、回归分析法和增长率法等；出行分布，目的是获得出行需求在城市不同空间位置的分布，主要预测方法有重力模型、增长率法等；出行方式划分，目的是获得各种交通方式上的交通量分担率，主要预测方法有分类法、转移曲线、随机效用法等；交通分配，将每两个交通分区之间的交通量，分配到交通网络上，产生各个路段的交通流量，主要方法为全有全无法、系统最有法、用户均衡法等。

为克服经典四阶段建模流程的显著缺点（即四阶段模型依序进行，上一阶段模型的输出结果作为下一阶段模型的输入数据，这必然导致最终结果与分析过程中一些参数的不一致），该交通模型引入带有反馈机制的组合模型技术，即在确定备选路径的前提下，通过交通出行选择对的博弈过程将交通方式划分和交通分配结合起来，使各模块构成一个相互联系的有机整体，经过迭代循环确保分配结果的合理性与稳定性，从而真实反映出交通系统的构成及其复杂性。

3.4 交通出行成本函数的设置

首先，时间价值的选取对于仿真结果会产生直接影响。所谓时间价值，是指由时间所产生的效益的增值量和非生产性消耗所带来的效益的货币表现。对于出行者来说，出行时间价值即单位出行时间的货币化。当前，对出行者出行时间价值开展研究的方法主要有生产法、收入法、支出法和非集计模型法等。生产法是建立在出行时间损耗均被用于生产这一前提条件下的，因此，它与国民生产总值或者地区生产总值呈正比，与该城市或地区的就业人数和工作小时数呈反比。生产法计算方法简单，且其数据相较容易获得，因此很适合固定职业人员的工作出行。收入法顾名思义，是由出行者的收入计算得到出行时间价值的一种方法，但它也有一个前提和假设，那就是出行者个体能自由支配自己的工作和休闲时间。收入法将收入或者工资按一定的比例折中计算，虽然方法简单，但是也要求对折中比例的取值具有一定的经验。就我国目前情况而言，收入法的使用存在诸多不足，难以得到具体实施。非集计模型是交通行为分析中的一种比较常用的方法，在估算出行时间价值时，效用函数考虑出行时间和费用两个方面，通过大量的调查数据，对所引入的变量参数进行标定，从而得到不同交通条件下的出行时间价值或某城市出行时间价值的期望值。非集计模型法可以得到不同出行人群在不同出行因素影响下的出行时间价值，但其缺点在于必须依托大量的调查数据，而抽取的样本以及统计分析的过程都存在一定的误差，计算过程也相对烦琐。

在本研究中时间价值 γ 的取值采用的是上述方法中的"收入法"，时间价值 γ 可以将出行者的出行时间等量转化为金钱，通常认为不同收入的群体具有不同的时间价值。具体操作是基于 2019 年我国城镇居民人均可支配收入进行计算的，即将 2019 年城镇居民全年可支配收入 39 244 元除以全年工作时长 2 000 小时（按每周工作 40 小时，全年工作 50 周计算），得出 2019 年我国城镇居民单位小时收入为 19.62 元，即时间价值取值为 19.62 元/小时。

在交通规划四阶段的交通分配阶段，要对交通流量进行分配，就要考虑某一路段的时间阻抗。对于路段行驶时间的修正，可以根据行驶时间与路段交通量之间的关系，即路阻函数确定。最为常见的路阻函数是美国联邦公路局函数（BPR 函数）。α、β 为待标定参数，美国联邦公路局标定 $\alpha=0.15$，$\beta=4.0$ 这两个参数推荐值在美国适用性很好，同时随着参数的校准，分配结果与观测值之间的延迟差异大大减小。

BPR 模型形式简单，参数数量较少，模型求解速度较快，同时针对不同地区可重新对 α、β 进行标定，适应性广泛，但不足之处也较多，问题一：当参数 β 过高时精度过低，当饱和率（Q/C）较低时行程时间变化很小；问题二：在 Q/C 趋于 1 时，曲线并没有趋于无穷，从而导致用户均衡分配的结果出现路段流量大于其通行能力的现象；问题三：该函数中的 C 并非路段的通行能力，α 为 0.15 时，其表示行程时间大于路段自由流行程时间 15% 时的流量，所以 C 会因 α 的改变而改变。这归因于大部分发达国家交通以机动车为主，交通流构成较为单一，模型表现出良好的适用性。而我国的交通情况与之不同，交通流构成复杂（机动车、行人、非机动车混杂），道路条件差异明显，所以仅考虑机动车流量的路阻函数很难应用于我国的交通规划中。为解决上述问题，本研究采用改进后的 BPR 函数——EMME2 锥形延误函数，具体形式如下：

$$t_c(q) = t_{c0} \cdot \left\{ 2 + \left[\beta_e^2 \cdot (1 - q/c)^2 + \left(\frac{2\beta_e - 1}{2\beta_e - 2} \right)^2 \right]^{\frac{1}{2}} - \beta_e \cdot (1 - q/c) - \frac{2\beta_e - 1}{2\beta_e - 2} \right\}$$

式中，β_e 为模型的参数，为大于 1 的常数，这里取值 1.5，则该模型中的交通阻抗函数可以表示为：

$$t_c(q) = t_{c0} \cdot \left[\left(2.25 \cdot (1 - q/c)^2 + 4 \right)^{\frac{1}{2}} - 1.5 \cdot (1 - q/c) \right]$$

各个城市、地区政府为了缓解"停车难"问题，纷纷颁布了一系列政策，采取了一系列的措施，如车辆限购政策、单双号限行政策、扩建停车场等，然而，最直接的政策还是上涨停车费这一措施。商业中心停车收费问题不仅关乎一个城市的经济发展，同时也与居民的切身利益息息相关。停车费该不该收、该收多少、由谁来收等问题始终是人们关注的热点问题。

路外公共停车场的运营管理通常有两种模式：一是以价格方式进行补偿。二是以补贴加收费的形式进行补偿。其中，以价格方式进行补偿意味着，社会经济生活中，有一部分公共物品是由政府或其他公共部门提供的，只不过这些公共物品的流通是借助市场实现的，即政府将这些公共物品提供到市场，并获得市场供给价格，消费者在支付相应价格后进行消费，如邮电、交通、供水、供电、有线电视等。以补贴加收费的形式进行补偿意味着，在由政府管理的公共物品供给部门中，有时会考虑社会公平、稳定等因素，政府往往也会对公共物品给予部分补贴，余下部分按较低价格收费的方式进行成本补偿，如教育、医疗等。从宏观角度看，路外公共停车场停车收费行为是国家利用经济杠杆、价格手段进行宏观调控，以期缓解我国由于机动车数量的迅速增长而引发的交通堵塞、停车难的现实状况。

商业中心停车场不同于公共停车场的地方在于它是私人物品，具有排他性和竞争性，这为商业中心停车场进行停车收费提供了理论依据，而不同商业中心开发商对其停车场的定位的不同决定了它的收费模式存在差异。当开发商将商业中心停车活动视为方便顾客购物的一种辅助服务行为时，通常会收取较低的停车费用，甚至提供免费的停车服务（见图 3-3）。当开发商将商业中心停车活动视为刺激消费的一种手段时，通常会在顾客消费了一定金额的商品和服务后，提供免费的停车服务，而消费低于额定金额的顾客将支付较高的停车费用。当开发商将商业中心停车活动视为简单的交通出行环节时，商业中心停车费率通常会依据该地块路外公共停车场的收费水平来制定。由此可以看出，商业中心停车场的停车费率通常与商业中心所属地块的地价水平，自驾购物出行的交通出行量，开发商对商业中心停车场停车行为的定位有关。本章所建交通模型中的商业中心停车费用与商业中心所属地块的地价水平和自驾购物出行的交通出行量有关，具体公式如下：

$$k_i = k_{i0} \cdot \left(\frac{f_{dji}}{f_0} \right)^{\theta_1} \cdot \left(\frac{q_i}{q_0} \right)^{\theta_2}$$

式中，k_i 是商业中心 i 的停车费率（元/小时）；k_{i0} 是商业中心 i 的基础停车费率（元/小时）；f_{dji} 是商业中心 i 所属地块的地价（元）；q_i 是去往商业中心 i 的自驾购物出行量（辆）；θ_1 和 θ_2 为修正系数，用于体现地价和自驾购物出行量对商业中心停车费用的相对影响程度大小，这里分别取值 2 和 1。

图 3-3　建设中的某商业中心地下停车场

　　为研究购物出行去往不同商业中心的比例受距离远近、路段拥挤程度的影响，需要对这两个影响因素的作用机制进行说明。其中，距离商业中心的远近可以体现为自由流时间的不同，因为自由流时间等于路段长度除以车辆的自由流速度，则当自由流速度一定时，自由流时间将随着出行距离的变化而改变。路段拥挤程度在这里主要通过背景交通量的不同取值来确定。如前所述，在 EMME2 锥形延误函数中，路段流量 q 由小区 Z 居民的交通选择结果和背景交通量组成，而背景交通量在这里是以服从某一正态分布的随机数存在的。那么该正态分布的均值 μ_i 的大小可以影响背景交通量的大小，进而反映出两条备选路径的道路拥挤程度不同。

　　综上所述，小区 Z 的交通出行者去往商业中心 A 的自驾购物出行成本为：

$$
\begin{aligned}
u_{\mathrm{A}} = -\gamma \cdot t_{c0} \cdot \Bigg\{ & \left\{ 2.25 \cdot \left\{ 1 - \left\{ q_{\mathrm{A}} + \frac{1}{\sqrt{2\pi} \cdot (\sigma_{\mathrm{A}})} \cdot \exp\left[-\frac{(x - \mu_{\mathrm{A}})^2}{2 \cdot (\sigma_{\mathrm{A}})^2} \right] \cdot c_{\mathrm{A}} \right\} / c_{\mathrm{A}} \right\}^2 + 4 \right\}^{\frac{1}{2}} - \\
& 1.5 \cdot \left\{ 1 - \left\{ q_{\mathrm{A}} + \frac{1}{\sqrt{2\pi} \cdot (\sigma_{\mathrm{A}})} \cdot \exp\left[-\frac{(x - \mu_{\mathrm{A}})^2}{2 \cdot (\sigma_{\mathrm{A}})^2} \right] \cdot c_{\mathrm{A}} \right\} / c_{\mathrm{A}} \right\} - \\
& k_{\mathrm{A0}} \cdot \left(\frac{f_{dj\mathrm{A}}}{f_0} \right)^2 \cdot \left(\frac{q_{\mathrm{A}}}{q_0} \right)
\end{aligned}
$$

小区 Z 的交通出行者去往商业中心 B 的自驾购物出行成本为：

$$
\begin{aligned}
u_{\mathrm{B}} = -\gamma \cdot t_{c0} \cdot \Bigg\{ & \left\{ 2.25 \cdot \left\{ 1 - \left\{ q_{\mathrm{B}} + \frac{1}{\sqrt{2\pi} \cdot (\sigma_{\mathrm{B}})} \cdot \exp\left[-\frac{(x-\mu_{\mathrm{B}})^2}{2 \cdot (\sigma_{\mathrm{B}})^2} \right] \cdot c_{\mathrm{B}} \right\} / c_{\mathrm{B}} \right\}^2 + 4 \right\}^{\frac{1}{2}} - \\
& 1.5 \cdot \left\{ 1 - \left\{ q_{\mathrm{B}} + \frac{1}{\sqrt{2\pi} \cdot (\sigma_{\mathrm{B}})} \cdot \exp\left[-\frac{(x-\mu_{\mathrm{B}})^2}{2 \cdot (\sigma_{\mathrm{B}})^2} \right] \cdot c_{\mathrm{B}} \right\} / c_{\mathrm{B}} \right\} \Bigg\} - \\
& k_{\mathrm{B0}} \cdot \left(\frac{f_{djB}}{f_0} \right)^2 \cdot \left(\frac{q_{\mathrm{B}}}{q_0} \right)
\end{aligned}
$$

3.5 目标函数的选取

1952 年，著名学者 Wardrop 提出了交通网络平衡定义的第一原理和第二原理，奠定了交通流分配的基础。Wardrop 提出的第一原理是：在道路的利用者都确切知道网络的交通状态并试图选择最短径路时，网络将会达到平衡状态。在考虑拥挤对行驶时间影响的网络中，当网络达到平衡状态时，每个 OD 对的各条被使用的径路行驶时间相等而且是最小的行驶时间；没有被使用的径路的行驶时间大于或等于最小行驶时间。这条定义通常简称为 Wardrop 平衡，在实际交通流分配中又被称为用户均衡或用户最优。容易看出，没有达到平衡状态时，至少会有一些道路利用者将通过变换线路来缩短行驶时间直至平衡。所以说，网络拥挤的存在，是平衡形成的条件。Wardrop 提出的第二原理是：系统平衡条件下，拥挤的路网上交通流应该按照平均或总的出行成本最小为依据来分配。Wardrop 第二原理在实际交通流分配中又被称为系统最优原理。

Wardrop 第一原理认为路网达到平衡时，每组 OD 的各条被利用路径具有相等且最大的效用，这种状态类似于混合博弈的均衡状态。即当一个策略集中的任意两个子策略的效用都相等且最大时，该策略集的参与者达到了绝对的不后悔状态。而当所有策略集的参与者都不后悔时，系统达到均衡。但在实际生活中，依据后悔理论，人们通常在当后悔程度可接受时，就不再主动去改变其选择行为了。基于此，本研究认为所有出行者都有使自身后悔程度最小的动机，即所有出行者都尽量使自身的选择接近不后悔状态，在具体计算中可以将任一策略集中所选路径效用差（即后悔程度）可接受时的状态视为稳定的均衡状态。因此，小区 Z 的自驾购物出行者选择去往商业中心 A 的后悔度函数如下：

$$R_1 = \left| u_A - \frac{u_A + u_B}{2} \right|$$

式中，R_A 为小区 Z 的出行者选择去往商业中心 A 的后悔程度。

同理，小区 Z 的自驾购物出行者选择去往商业中心 B 的后悔度函数如下：

$$R_2 = \left| u_B - \frac{u_A + u_B}{2} \right|$$

式中，R_B 为小区 Z 的出行者选择去往商业中心 B 的后悔程度。

由此可得，该模型的总体目标函数及约束条件如下：

$$\min R_{sum} = \min \sum R_i$$

$$St. \ \forall p_i \geqslant 0$$

$$aeq \times p = beq$$

$$\forall R_i \leqslant k$$

式中，aeq、beq 为等式约束的系数矩阵，某出行端点的各选择人数之和等于该出行端点的出行人数；R_i 为出行路径 i 的后悔程度（元）；k 为可接受后悔程度（元）。

3.6 结 论

由于道路资源的有限性，交通出行者的出行选择的效果和收益必将会受到其他交通出行者选择的影响。为此，本研究在考虑出行者间相互影响

的基础上，研究了商业中心停车需求随道路交通条件的变化情况。依据后悔
理论和混合博弈思想，认为人们通常在当后悔程度可接受时，就不再去主动
改变其选择行为了，并假设所有出行者都有使自身后悔程度最小的动机，
即所有出行者都尽量使自身的选择接近不后悔状态。然后在此基础上建立了
有、无差异化停车收费管理措施下的出行方式选择博弈模型和基于 Wardrop
第一原理的总体目标函数。其中，为解决传统的出行时间函数——BPR 模
型的 3 个适应性问题，将改进后的 EMME2 锥形延误函数作为出行效用函
数中的出行时间函数。

PART FOUR

第 4 章

出行距离远近对商业中心停车需求的影响

商业中心，是指在一定范围内承担城市商业活动中心功能的区域，或城市中商业活动集中的区域。狭义的商业中心是指商业集中的区域。在影响居民商业中心购物出行的众多因素中，居住区与商业中心的距离远近不容忽视。尤其是对于我国大多数的中小城市，商业中心数量有限，不同商业中心通常位于市区的两端，商业中心间的距离较大。即使使用小汽车出行，出行距离差异过大也会造成出行成本的显著差异，从而影响出行者的购物出行选择，并造成不同商业中心停车需求分布上的不平衡。因此，有必要在第 3 章所搭建的交通模型的基础上，研究商业中心出行距离的远近对商业中心停车需求的影响。

4.1　参数设置

首先，研究小区 Z 的交通出行者去往两商业中心出行距离的远近对出行选择的影响。参数设置如表 4-1 所示。

表 4-1　研究出行距离远近影响时的参数设置表

序号	参数代号	参数意义	取值
1	l_1	小区 Z 距离商业中心 A 的出行距离	1 至 20 千米
2	l_2	小区 Z 距离商业中心 B 的出行距离	4 千米
3	v_0	自由流速度	30 千米/小时
4	γ	时间价值	19.62 元/小时

续表

序号	参数代号	参数意义	取值
5	c_1	连接小区 Z 与商业中心 A 的路段 1 的通行能力	3 200 辆/小时
6	c_2	连接小区 Z 与商业中心 B 的路段 2 的通行能力	3 200 辆/小时
7	μ_1	路段 1 背景交通量修正系数的均值	0.5
8	μ_2	路段 2 背景交通量修正系数的均值	0.5
9	σ_1	路段 1 背景交通量修正系数的标准差	0.1
10	σ_2	路段 2 背景交通量修正系数的标准差	0.1
11	k_{bj1}	路段 1 背景交通量修正系数	0.553 8
12	k_{bj2}	路段 2 背景交通量修正系数	0.553 8
13	β_e	EMME2 锥形延误函数的参数	1.5
14	k_{i0}	商业中心 i 的基础停车费率	5 元
15	f_{dj1}	商业中心 A 的单位地价	2 万元/平方米
16	f_{dj2}	商业中心 B 的单位地价	2 万元/平方米
17	f_0	单位地价基础值	1.6 万元/平方米
18	k	可接受后悔度	2 元
19	q_0	自驾购物出行量基础值	2 000 人
20	n	小区 Z 自驾购物出行者总量	4 000 人

4.2　算法选择

计算时，运用遗传算法（Genetic Algorithm，GA）和序列二次规划算法（Sequence Quadratic Program，SQP）互相迭代进行求解。

遗传算法最早是由美国学者 John Holland 于 20 世纪 70 年代提出的，该算法是根据大自然中生物体进化规律而设计提出的，是模拟达尔文生物进化论的自然选择和遗传学机理的生物进化过程的计算模型，是一种通过模拟自然进化过程搜索最优解的方法。该算法通过数学的方式，利用计算机仿真运算，将问题的求解过程转换成类似生物进化中的染色体基因的交叉、变异等过程，在求解较为复杂的组合优化问题时，相对一些常规的优化算法，通常能够较快地获得较好的优化结果。遗传算法已被人们广泛地应用于组合优化、机器学习、信号处理、自适应控制和人工生命等领域。

遗传算法的基本运算过程如下：① 初始化：设置进化代数计数器 $t=0$，设置最大进化代数 T，随机生成 M 个个体作为初始群体 $P(0)$。② 个体评价：计算群体 $P(t)$ 中各个体的适应度。③ 选择运算：将选择算子作用于群体。选择的目的是把优化的个体直接遗传到下一代或通过配对交叉产生新的个体再遗传到下一代。选择操作是建立在群体中个体的适应度评估基础上的。④ 交叉运算：将交叉算子作用于群体。遗传算法中起核心作用的就是交叉算子。⑤ 变异运算：将变异算子作用于群体。即是对群体中的个体串的某些基因座上的基因值做变动。群体 $P(t)$ 经过选择、交叉、变异运算之后得到下一代群体 $P(t+1)$。⑥ 终止条件判断：若 $t=T$，则以进化过程中所得到的具有最大适应度个体作为最优解输出，终止计算。遗传操作包括 3 个基本遗传算子：选择、交叉、变异。

序列二次规划算法最早是由 Wilison 于 1963 年提出来的，他提出了 Newton-SQP 算法。由于求解没有约束的优化问题的拟牛顿法的进步，拟 Newton-SQP 算法的探索也受到了很多专家的关注和钻研。Mangasarian 在 1976 年提出了拟 Newton-SQP 算法。这种计算过程中，他首先利用对拉格朗日函数的整体 Hesse 矩阵的近似修正办法来修正。Han 又证明了 PSB-SQP 和 BFGS-SQP 方法的局部收敛性。从那之后，序列二次规划方法的探索开始在该领域有了一定的影响力。截至目前，关于它的探索已经有了很大的进展和众多的收获。现在最好、最热门的非线性问题的优化方法之一就是序列二次规划法。在约束条件和目标函数的基础上，可以建立一个拉格朗日函数，随后问题就被近似转换为了二次规划的子问题。经过数次迭代以后，它就会逐步收敛于一个解，这个结果就是问题的最优解。

序列二次规划法在解决含有约束的非线性优化类型的难题方面得到了众多学者的一致认可。序列二次规划算法有其显著的特点：其最突出的优点是收敛性好，它具有全局收敛性和局部超线性收敛性。二次规划算法的计算效率高，对于同一个问题，与其他方法的计算时间相比，其计算时间更短。二次规划算法的边界搜索能力强，这个特点在很大程度上缩短了计算时间，增加了计算收敛的速度。但是在进行迭代运算时，做一次运算都需要求解一个甚至很多二次规划子问题。通常情况下，因为二次规划子问题的处理不能使用原来题目的稀疏特性、对称特性等这些优质特点，由于问题形式不断增加，它的计算量与所需的储存空间巨大。所以，现在的序列二次规划法通常应用在中等或小型规模问题的求解上。此外，因为规模巨大的二次规划问题的处理一般采用迭代的方法，这个过程所需要的费用随着计算所要求的精度的升高而增加，同时稳定性方面也不好。

为了克服遗传算法容易早熟收敛慢和序列二次规划法稳定性不足的缺点，在具体计算中，综合运用遗传算法和序列二次规划算法进行迭代求解。求解步骤如下：首先定义约束条件范围内的任一初始种群，再运用遗传算法进行计算，找到局部最优点；其次将之前遗传算法求出的局部最优解作为序列二次规划算法的初值进行计算，得到更优的解；最后将序列二次规划算法求出的更优的解作为遗传算法的初始种群中的一支进行计算。

4.3 算例分析

为了验证计算方法的科学性，现以小区 Z 与商业中心 A 的距离等于 20 千米，小区 Z 与商业中心 B 的距离等于 4 千米的情况为例，运用上述计算方法进行计算，其最后一次迭代中的遗传算法的计算过程如下：

如图 4-1 所示，遗传算法的参数设置如下：共迭代 200 代，每代种群 100 个，交叉概率（Crossover Fraction）为 0.6，变异概率（Migration Fraction）

为 0.2，初始种群（Initial Population）为这次迭代中序列二次规划算法计算的结果。其适应度值为两出行路径效用差的平方值之和，具体表达式如下：

$$k_{\text{shiying}} = \left(u_A - \frac{u_A + u_B}{2} \right)^2 + \left(u_B - \frac{u_A + u_B}{2} \right)^2$$

式中，k_{shiying} 为遗传算法的目标函数——适应度值。

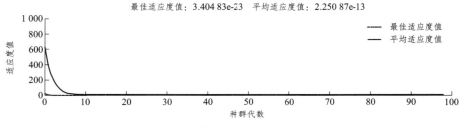

图 4-1   遗传算法计算过程示意图

可以看出，初始种群的平均适应度值较高，大于 600。初始种群的最佳适应度值也为大于 0 的正数，大约等于 20。然而随着遗传算法的进行，大约在进化到第 14 代种群时，平均适应度值和最佳适应度值都趋近于 0。此后一直进化到第 97 代处完成计算。此时第 97 代种群的平均适应度值仅为 $2.250\ 87 \times 10^{-13}$，第 97 代种群的最佳种群适应度值更小，仅为 $3.404\ 83 \times 10^{-23}$。可以认为此时小区 Z 交通出行者的后悔程度几乎为零，总后悔度显然小于可接受后悔度 $k=2$ 元，即交通出行者的出行选择行为达到了混合博弈理论中的绝对不后悔状态，交通出行者的出行选择行为将不再主动发生改变，整个交通系统达到了稳定的运行状态，计算完成。具体计算结果如表 4-2 所示。

表 4-2   研究出行距离远近影响时的选择结果表

Z—A 的距离/千米	Z—B 的距离/千米	去往 A 的人数/人	去往 B 的人数/人
1		2 472	1 528
2	4	2 303	1 697
3		2 146	1 854

Z—A 的距离/千米	Z—B 的距离/千米	去往 A 的人数/人	去往 B 的人数/人
4		2 000	2 000
5		1 863	2 137
6		1 735	2 265
7		1 613	2 387
8		1 498	2 502
9		1 388	2 612
10		1 283	2 717
11		1 183	2 817
12	4	1 087	2 913
13		995	3 005
14		906	3 094
15		820	3 180
16		737	3 263
17		657	3 343
18		579	3 421
19		503	3 497
20		430	3 570

如表 4-2 所示，随着小区 Z 与两商业中心的相对距离远近的不同，小区 Z 交通出行者的购物出行选择行为发生显著变化。其中，小区 Z 与商业中心 B 的距离统一为 4 千米，而当小区 Z 距离商业中心 A 仅为 1 千米时，大多数小区 Z 的交通出行者选择去往距离更近的商业中心 A。此时，61.81% 的出行者选择自驾前往商业中心 A 进行休闲购物活动。当小区 Z 与商业中心 A 的距离为 4 千米时，也就是当小区 Z 与两商业中心同等距离时，小区 Z 的交通出行者中选择去往商业中心 A 或 B 的比例各占一半，都为 2 000

人。当小区 Z 与商业中心 A 的距离进一步增加到 8 千米时，小区 Z 的交通出行者中选择去往商业中心 B 的人数占到了总人数的 62.56%。而当小区 Z 与商业中心 A 的距离增加到 12 千米时，小区 Z 的交通出行者中选择去往商业中心 B 的人数占到了总人数的 72.82%。此时，大多数的交通出行者选择了相对距离近得多的商业中心 B 进行购物出行。当小区 Z 与商业中心 A 的距离最终增加到 20 千米时，仅有 430 人选择去往相对距离远得多的商业中心 A 进行购物出行。此时，89.25%的交通出行者选择去往更近的商业中心 B 进行购物休闲活动。这说明在当下时间价值水平下的自驾购物出行中，交通出行者对于出行距离的敏感性较高，对于同等条件的两购物中心，出行距离的相对远近将对出行者的购物出行选择产生巨大影响。因此，在一个固定的城区范围内，各个购物中心都有相对固定的覆盖范围，可以根据所覆盖的居住区情况和所在城市居民的购物习惯估算出大致所需的停车泊位数。各出行距离下的商业中心 A 的选择概率如图 4-2 所示。

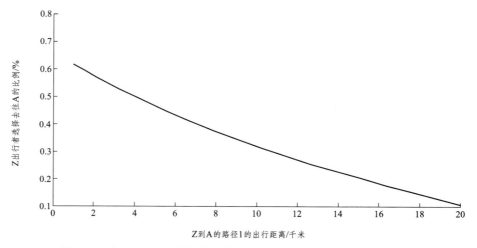

图 4-2　小区 Z 居民选择商业中心 A 的购物出行比例变化示意图

如图 4-2 所示，小区 Z 居民选择去往商业中心 A 进行购物出行的比例随着 Z 与 A 的出行距离的增加单调下降，下降速度变化幅度不大，略微呈现出先快后慢的趋势。当去往商业中心 A 进行购物的出行距离从 1 千米(此时为去往商业中心 B 购物出行距离的 25%）提高到 20 千米后（此时为去往商业中心 B 购物出行距离的 5 倍），小区 Z 的交通出行者选择去往商业中心 A 进行购物的概率从 61.81% 剧降至 10.75%。小区 Z 居民选择商业中心 A 的购物出行比例的下降速度从 4.23% 单调下降到 1.84%，这说明当小区 Z 与商业中心 A 的出行距离较远时，大多数交通出行者选择去往商业中心 B 进行购物。然而道路的通行能力是有限的，过多的出行者选择去往商业中心 B 进行出行以后，连接小区 Z 和商业中心 B 的路段 2 的拥堵程度将不容忽视。与此同时，连接小区 Z 和商业中心 A 的路段 1 上行驶的自驾购物交通出行车辆大为减少，此时路段 1 的拥堵程度相对路段 2 来说显著更低。因此虽然小区 Z 与商业中心 A 的出行距离在不断增加，但是由于路段 1 拥堵程度的不断减少，小区 Z 的交通出行者去往商业中心 A 的出行时间并未随着出行距离的增加而等比例增加，这也就造成小区 Z 居民选择商业中心 A 的购物出行比例的下降速度先快后慢。进而可得，以路径 1 与路径 2 的距离之比为横坐标，以小区 Z 交通出行者选择商业中心 A 的出行概率为纵坐标的出行选择变化情况如图 4-3 所示。

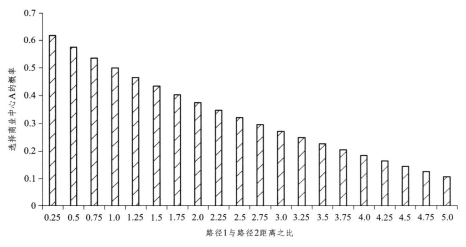

图 4-3　选择商业中心 A 的概率随路径 1、2 距离之比变化示意图

在图 4-3 的基础上，通过多项式拟合得出商业中心 A 购物出行概率随

居住区与两备选商业中心相对距离差异变化的公式如下：

$$y = 0.000\,6 \cdot x^2 - 0.038\,8 \cdot x + 0.648\,9$$

式中，x 为居住区 Z 去往商业中心 A 的出行路径 1 与居住区 Z 去往商业中心 B 的出行路径 2 的距离之比，即 l_1/l_2；y 为居住区 Z 的交通出行者选择去往商业中心 A 的概率，则居住区 Z 的交通出行者选择去往商业中心 B 的概率为 $1-y$。

该多项式拟合的相关系数 R 的平方值为 0.999 6，说明该多项式拟合的拟合度较高，具有一定的应用价值。

4.4　结　论

在商业中心出行距离的远近对居住区自驾购物出行选择的影响研究中，运用了遗传算法和序列二次规划算法互相迭代求解所搭建的混合博弈模型。研究发现，居住区居民选择商业中心进行自驾购物出行的概率随着居住区与商业中心距离的增加而下降，而由于道路拥挤程度非线性变化的干扰，该下降速度先快后慢。在只有两个备选商业中心的出行选择模型中，居住区居民选择某一商业中心的概率随着居住区距离两商业中心相对距离之比的变化规律，符合某一稳定的二次多项式的表达形式。商业中心开发商在规划自身停车场停车供给量时，务必掌握商业中心覆盖范围内的自驾购物出行需求，根据居住区到商业中心的出行距离远近可以有效估算出各小区去往本商业中心的购物出行比例，进而为停车泊位的设置提供理论依据。

PART FIVE

第 5 章

连接路段拥堵程度对商业中心
停车需求的影响

随着城市化建设的不断推进，城区人口急剧增加，机动车保有量表现出逐年递增的趋势，有限的城市道路资源已经越来越难以满足日益高涨的交通出行需求。目前，不仅仅是大城市，我国不少中小城市的道路网络中，关键路段的交通拥堵同样时有发生。这对机动车出行者正常的交通出行行为造成极大的不利影响，具体表现为出行时间严重增加，尾气排放、能源消耗严重增加，出行者心理的极度不舒适等。具体在商业中心购物出行选择上，由于不同商业中心地理位置不同，周边道路资源条件通常存在显著差异，这使出行高峰期间内，不同商业中心周边路段的拥堵程度存在显著差异，拥堵程度的差异又会表现在不同购物出行成本中，从而对去往哪一个商业中心进行自驾购物出行的选择过程造成影响，进而影响不同商业中心的停车需求。与此同时，路段拥堵程度反过来又会受到交通出行选择结果的影响，当某出行路径的出行选择人数足够多之后，必然造成该出行路径上的路段拥堵程度的增加。为了研究商业中心连接路段拥堵程度对商业中心停车需求的影响，并将出行选择结果对路段拥堵程度的反作用考虑进来，有必要在第 3 章所搭建的基于混合博弈思想的交通模型基础上进行算例研究。

5.1 交通拥堵对交通出行的影响

在经济全球化的今天，世界上无论哪个国家或地区，都面临环境问题的严重挑战。其中，拥堵是一个重要的问题，它直接危害人们的心理健康。怎样才算拥堵，这并没有固定的客观标准。其中交通拥堵给人们造成的心理危害不容忽视。拥堵是由人们居住与购物、工作、上学、娱乐等地点的分离引起的，是交通供给与出行需求之间不平衡的产物。其特性、发生地点和严重程度是由人们工作、购物和居住地点的变换以及他们在这些地点之间如何出行来决定的。对出行者来说，交通拥堵主要是对时间和车速的感觉，即车辆在道路或交叉口上排队或者缓慢移动。交通拥堵是指交通需求（即一定时间内想要通过某条道路的车辆数）超过该条道路的交通容量（即一定时间内该道路所能通过的最大车辆数）时，超过部分的车辆滞留在道路上的交通现象（见图 5-1）。拥堵最直观地反映就是出行时间超出了出行者可接受的范围，或者是出行者不能接受的延误增长。因此出行时间及其相关指标被广泛应用于交通拥堵的定义与评价中。

图 5-1　某地高架桥附近路段严重的交通拥堵

　　一般情况下，城市道路上的交通拥堵会在以下情况发生时产生：第一，道路上存在着道路通行能力低于交通需求的瓶颈，使道路系统不能满足人们高效率的出行要求；第二，有限的道路资源使道路上的小汽车、货车、公交车、自行车以及行人等不同交通方式之间产生冲突；第三，交通控制使用不恰当，无法准确灵敏地指挥交通。这些问题同时发生时会产生或加重拥堵。

出行者可接受的出行时间、速度和延误反映的拥堵是随着城市大小、在市区的位置和时间段而变化的。根据城市规模、拥堵地点、拥堵时段和拥堵人群的不同，对拥堵的接受程度也不同。实际上，拥堵总是存在的，只是有的拥堵可以接受，而有的拥堵则不可接受，人们所要解决的拥堵问题主要是针对不可接受的拥堵。因此可以将拥堵分为可接受拥堵和不可接受拥堵。可接受拥堵（Acceptable Congestion）是当出行时间或延误超过自由流状态下正常发生的时间或延误时形成的拥堵；不可接受拥堵（Unacceptable Congestion）是当出行时间或延误超过了共同接受标准（Agreed-upon Norm）时的拥堵。

这个统一标准随着交通设施类型、出行方式、地理位置和出行时段的不同而不同。根据产生的交通拥堵是否具有周期性，可将其分为周期性拥堵和非周期性拥堵。周期性拥堵是指在同一地点和同一时间重复出现的拥堵。非周期性拥堵是由某种偶然事件造成的，如交通事故或关闭一条道路所引起的交通拥堵。又根据产生交通拥堵的不同原因，把交通拥堵分为常发性交通拥堵（Recurrent Congestion）和偶发性交通拥堵（Non-recurrent Congestion）。由于交通流量突然增大，超出道路设施正常的容量所引起的交通拥堵称为常发性交通拥堵。常发性拥堵相对稳定、有规律且可以预测，这种拥堵最容易发生在出行高峰时间，属于周期性拥堵。它多是由道路设计交通容量不足或交通需求增长过快等造成的，具有较显著的客观性特征。而偶发性交通拥堵是由一些特殊事件引起的道路容量的减少或是吸引过多的流量而引起的。最常见的道路突发事件有大型活动、交通事故、道路维修、恶劣天气影响等。偶发性拥堵是没有规律和不可预测的，且可能持续较长时间。

交通拥堵对交通系统的危害主要体现在交通出行时间的显著增加、汽车尾气排放量的显著提高、平均燃油消耗量的无谓增加、驾驶员的驾驶操作量的无谓增加、驾驶员及乘客的心理焦虑等。交通拥堵产生的原因可以归纳为交通供给和交通需求在时间、空间分布上的不平衡，特别是我国中小城市出现大量新增机动车交通量以后，城市居民庞大的机动车出行需求和相对落后的城市交通规划设计及相对落后的道路交通条件之间产生了难以调和的矛盾。一般来说，当前中小城市交通拥堵在时间分布上大多集中在工作日的早晚通勤高峰时段和节假日的晚间用餐购物休闲娱乐时间，在空间分布上大多集中在工作日的主要通勤出行路段和节假日的商业中心、公园等休闲娱乐场所附近路段，如图 5-2 所示。

图 5-2　某地停车场停车泊位"供不应求"

随着近几年城市化建设的不断推进，许多城市都已修建新型的商业中心。这些大型综合商业中心的功能完备，既可满足城市消费者的购物需求，还可提供餐饮服务、儿童娱乐场所和电影院等。当前城市居民的晚间购物休闲娱乐活动大多集中在这些新修建的大型商业中心，造成大量的交通出行集聚在各个居住区前往这些新修建的大型商业中心的主要道路上，加之出行时间大多集中在晚间黄金时段，商业中心附近路段极易发生交通拥堵。为此，本节重点讨论交通拥堵对城市居民购物出行选择行为的影响，主要包括交通拥堵对购物出行时间的不利影响和交通拥堵对交通出行者心理舒适度的不利影响。

其中，交通拥堵对购物出行时间的不利影响主要通过 EMME2 锥形延误函数和背景交通量随机函数中期望值的设置来体现。关于拥堵会带来心理压力的原因，心理学家巴伦等人提出了"失控假设"，认为拥堵使人对事件失去控制，当人们失去这种控制时，就会感到有压力。一般来说，持续的心理压力会带来焦虑、紧张、不安、沮丧、烦躁等消极的情绪体验，同时还会产生种种身体上的不适，如头疼、心悸、胃肠不好、肌肉酸痛、失眠等，甚至诱发癌症、心脏病、溃疡等严重的疾病。在我国，心理学越来越受到关注和重视，与人们身心疾病的日益增多有密切关系。而许多身心疾病是由不能正确应付环境的压力造成的。卡普兰和斯坦在《适应心理学》中指出：心理压力的来源包括生活环境的变化，包括家庭、工作与环境状况之间的关系，以及所从事工作的性质。能够造成心理压力的情境，除了挫折和冲突之外，还包括被剥夺之感、拥堵和压迫感等。从中我们不难看出，现代社会的加速变化，不可避免地增加了种种压力的来源，拥堵是其中重要的来源之一。

德州交通研究院开展拥堵评价研究的初期，Hanks 和 Lomax 提出了拥堵报告的核心评价指标，采用日均行驶里程与车道长度的比值作为拥堵评价的基础，以此为基础构建了交通拥堵指数。后来陆续提出了出行率指数、出行时间指数、出行延误、出行缓冲指数衡和出行恶劣指数等一系列具有代表性的指标，用于评价拥堵强度和拥堵程度。其中，应用最广泛的是交通拥堵指数。

第 14 届泛美铁路大会上，出行产生的外部成本被第一次以货币的形式量化。此后，各国不断开展并深入对机动车出行成本的研究。1992 年，

Mackenzie 等首次将机动车出行成本区分为市场成本和外部成本，其中市场成本是指需要维护机动车运营的费用，而外部成本是指其他无须经过市场交易而产生的成本，如全球变暖、大气污染等，两者之和被定义为社会成本。他们研究发现，1989 年全美机动车使用市场成本为 1 742 亿美元，外部成本为 1 263 亿美元。为了将外部成本内部化，使交通供需在社会效益最佳时达到平衡，通常的做法有征收拥挤收费、排污费等交通需求管理措施。

5.2　心理干扰参数设置

为了研究道路拥堵程度对购物出行选择行为的影响，本节假设道路拥堵分别从出行时间和出行感受两方面对交通出行者的出行选择行为产生影响。其中道路拥堵程度对出行时间的影响通过背景交通量的期望值来体现，道路拥堵程度对出行感受的影响通过出行时间乘以心理因素修正系数来体现。其中，道路拥堵程度对驾乘人员心理干扰的具体公式如下：

$$u_A = -\gamma \cdot t_A \cdot k_{xl} - f_{tcA} = -\gamma \cdot t_A \cdot \left[1 + (q_A + q_{bjA})/c_A\right]^{\beta_1} - f_{tcA}$$

式中，k_{xl} 为道路拥堵对驾乘人员心理干扰修正系数；t_A 为小区 Z 的交通出行者去往商业中心 A 的出行时间（小时）；q_A 为小区 Z 的交通出行者去往商业中心 A 的自驾出行车辆数（辆）；q_{bjA} 为小区 Z 的交通出行者去往 A 的出行路段上的背景交通量（辆）；β_1 为自驾出行者对道路拥堵程度的敏感度修正系数，该值越高越敏感；f_{tcA} 为商业中心 A 的停车费用（元）。

可以看出，道路拥堵对驾乘人员的心理干扰主要通过出行时间乘以一个大于 1 的修正系数来体现，且该修正系数与道路服务水平正相关。下面将 VC 比取值范围定为 0.1 ~ 2.0，通过对比 3 个敏感度修正系数 β_1 的具体取值（β_1 分别取值 1、1.5、2）来选取合适的参数值。

如图 5-3 所示，当敏感度修正系数 β_1 取值为 2 时，同等拥堵条件下的心理感知时间与实际出行时间的比例最高，当 VC 比超过 1.2 时，感知时间甚至超过实际出行时间的 5 倍，这显然不符合实际情况。当敏感度修正系数 β_1 取值为 1.5 时，同等拥堵条件下的心理感知时间与实际出行时间的比例次高；当 VC 比超过 1.2 时，感知时间超过实际出行时间的 3 倍，这意味着驾驶员在该拥堵条件下行驶 20 分钟时，他的心理感知时间最少达到了 65 分钟之多，显然此时敏感度修正系数 β_1 的取值也偏高。当敏感度修正系数 β_1 取值为 1 时，同等拥堵条件下的心理感知时间与实际出行时间的比例最低，当 VC 比超过 1.6 时，感知时间超过实际出行时间的 2.6 倍，这意味着驾驶员在该拥堵条件下行驶 20 分钟时，他的心理感知时间最少达到了 52 分钟之多，显然此时敏感度修正系数 β_1 的取值依然偏高。为了获得合理的敏感度修正系数 β_1 取值，再次将 VC 比取值范围定为 0.1～2.0，对比敏感度修正系数 β_1 取 0.4，0.6，0.8 时的感知时间来进一步选取合适的参数值。

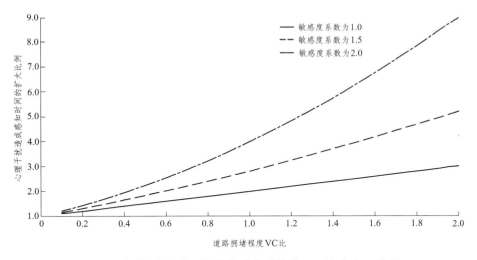

图 5-3　拥堵对心理干扰的敏感度系数随 VC 比变化示意图

　　如图 5-4 所示，将敏感度修正系数 β_1 取值调整为 0.4，0.6，0.8 以后，心理干扰造成的感知时间增加幅度大大缩小。当道路拥堵程度评价指标 VC 比超过 1.6 以后，实际道路交通已经拥堵不堪，道路上交通车辆的移动几乎停滞不前。而此时，当敏感度修正系数 β_1 为 0.4 时，心理干扰造成的感知时间最低，仅为实际出行时间的 1.47 倍；当敏感度修正系数 β_1 为 0.6 时，心理干扰造成的感知时间为实际出行时间的 1.77 倍；当敏感度修正系数 β_1 为 0.8 时，心理干扰造成的感知时间超过实际出行时间的 2.15 倍。因此，为了贴合城市路网的实际情况，将自驾出行者对道路拥堵程度的敏感度修正系数 β_1 定为 0.8。

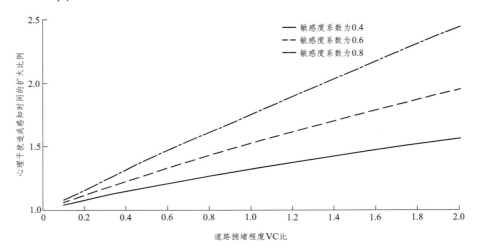

图 5-4　调整后的拥堵对心理干扰的敏感度系数随 VC 比变化示意图

5.3　其他参数设置

为研究交通拥堵对出行选择的影响，背景交通量函数的参数设置如表 5-1 所示。

表 5-1　研究道路拥堵影响时的背景交通量函数参数设置表

序号	参数代号	参数意义	取值
1	μ_1	路段 1 背景交通量修正系数的均值	0.1～0.9
2	μ_2	路段 2 背景交通量修正系数的均值	0.3
3	σ_1	路段 1 背景交通量修正系数的标准差	0.1
4	σ_2	路段 2 背景交通量修正系数的标准差	0.1

根据之前所述背景交通量函数的正态随机分布特性，可得路段 1 和路段 2 的背景交通量修正系数，具体如表 5-2 所示。

表 5-2　研究道路拥堵影响时的背景交通量修正系数设置表

序号	k_{bjA}（路段 1 背景交通量修正系数）	k_{bjB}（路段 2 背景交通量修正系数）
1	0.183 4	
2	0.286 2	
3	0.331 9	
4	0.356 6	
5	0.534 3	0.353 8
6	0.672 5	
7	0.771 5	
8	0.949 0	
9	0.967 1	

其余参数设置如表 5-3 所示。

表 5-3　研究道路拥挤程度影响时的参数设置表

序号	参数代号	参数意义	取值
1	l_1	小区 Z 距离商业中心 A 的出行距离	6.3 千米
2	l_2	小区 Z 距离商业中心 B 的出行距离	6.3 千米
3	v_0	自由流速度	30 千米/小时
4	γ	时间价值	19.62 元/小时
5	c_1	连接小区 Z 与商业中心 A 的路段 1 的通行能力	3 200 辆/小时
6	c_2	连接小区 Z 与商业中心 B 的路段 2 的通行能力	3 200 辆/小时
7	β_e	EMME2 锥形延误函数的参数	1.5
8	k_{i0}	商业中心 i 的基础停车费率	5 元

续表

序号	参数代号	参数意义	取值
9	f_{dj1}	商业中心 A 的单位地价	2 万元/平方米
10	f_{dj2}	商业中心 B 的单位地价	2 万元/平方米
11	f_0	单位地价基础值	1.6 万元/平方米
12	k	可接受后悔度	2 元
13	q_0	自驾购物出行量基础值	2 000 人
14	n	小区 Z 自驾购物出行者总量	4 000 人

在具体计算中，综合运用遗传算法和序列二次规划算法进行迭代求解。如前所述，求解步骤如下：首先定义约束条件范围内的任一初始种群，再运用遗传算法进行计算，找到局部最优点；其次将之前遗传算法求出的局部最优解作为序列二次规划算法的初值进行计算，得到更优的解；最后将序列二次规划算法求出的更优的解作为遗传算法的初始种群中的一支进行计算。

为了验证计算方法的科学性，现以路段 1 背景交通量修正系数等于 0.183 4，路段 2 背景交通量修正系数等于 0.353 8 的情况为例，运用上述计算方法进行计算，其最后一次迭代中的遗传算法的计算过程如下：

如图 5-5 所示，遗传算法的参数设置如下：共迭代 200 代，每代种群 100 个，交叉概率（Crossover Fraction）为 0.6，变异概率（Migration Fraction）为 0.2，初始种群（Initial Population）为这次迭代中序列二次规划算法计算的结果。

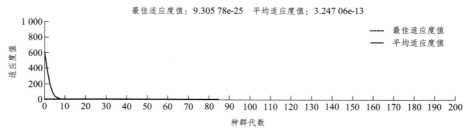

图 5-5　遗传算法计算过程示意图

可以看出，初始种群的平均适应度值较高，大于 600。初始种群的最佳适应度值也为大于 0 的正数，大约等于 20。然而随着遗传算法的进行，大约在进化到第 9 代种群时，平均适应度值和最佳适应度值都趋近于 0。此后一直进化到第 85 代处完成计算。此时，第 85 代种群的平均适应度值仅为 $3.247\,06 \times 10^{-13}$，第 85 代种群的最佳种群适应度值更小，仅为 $9.305\,78 \times 10^{-25}$。可以认为，此时小区 Z 交通出行者的后悔程度几乎为零，总后悔度显然小于可接受后悔度 $k=2$ 元，即交通出行者的出行选择行为达到了混合博弈理论中的绝对不后悔状态，交通出行者的出行选择行为将不再主动发生改变，整个交通系统达到了稳定的运行状态，计算完成。重复以上计算过程可得各拥挤程度条件下的最终适应度值，具体如表 5-4 所示。

表 5-4　研究道路拥堵程度时的适应度汇总表

序号	Z—A 段道路拥堵程度	Z—B 段道路拥堵程度	适应度值	可接受后悔度值
1	0.183 4		$9.305\,8 \times 10^{-25}$	
2	0.286 2		$3.988\,6 \times 10^{-26}$	
3	0.331 9		$1.326\,9 \times 10^{-27}$	
4	0.356 6		$1.009\,7 \times 10^{-28}$	
5	0.534 3	0.353 8	$4.807\,4 \times 10^{-25}$	2
6	0.672 5		$6.262\,0 \times 10^{-27}$	
7	0.771 5		$4.007\,7 \times 10^{-25}$	
8	0.949 0		$6.956\,1 \times 10^{-25}$	
9	0.967 1		$3.163\,4 \times 10^{-24}$	

如表 5-4 所示，各拥挤程度条件下的最终适应度值均小于可接受后悔程度，可以认为各拥挤程度条件下的交通出行者出行选择行为达到了混合博弈理论中的绝对不后悔状态，各拥挤程度条件下的交通出行者出行选择行为将不再主动发生改变，各拥挤程度条件下的交通系统均达到了稳定的运行状态。

5.4　算例分析

如表 5-5 所示，随着两条出行路径的拥堵程度的不同（即背景交通量的大小），小区 Z 交通出行者的购物出行选择行为发生显著变化。其中，小区 Z 去往商业中心 B 的路段背景交通量固定为路段 2 通行能力（3 200 puc/h）的 0.353 8 倍，且当小区 Z 去往商业中心 A 的背景交通量仅为路段 1 通行能力（3 200 puc/h）的 0.183 4 倍时，大多数小区 Z 的交通出行者选择去往距离更近的商业中心 A，53.7% 的出行者选择自驾前往商业中心 A 进行休闲购物活动。当小区 Z 去往商业中心 A 的背景交通量增加到路段 1 通行能力的 0.356 6 倍时，也就是当小区 Z 去往两商业中心的背景交通量几乎同等大小时，小区 Z 的交通出行者中选择去往商业中心 A 或 B 的比例几乎各占一半，分别为 1 998 人和 2 002 人。当小区 Z 去往商业中心 A 的背景交通量增加到路段 1 通行能力的 0.672 5 倍时，小区 Z 的交通出行者中选择去往商业中心 B 的人数占到了总人数的 57.65%。当小区 Z 去往商业中心 A 的背景交通量继续增加到路段 1 通行能力的 0.771 5 倍时，小区 Z 的交通出行者中选择去往商业中心 B 的人数占到了总人数的 60.23%，大多数的交通出行者选择了相对距离近得多的商业中心 B 进行购物出行。当小区 Z 去往商业中心 A 的背景交通量最终增加到路段 1 通行能力的 0.967 1 倍时，仅有 1 381 人选择去往相对距离远得多的商业中心 A 进行购物出行，65.48% 的交通出行者选择去往更近的商业中心 B 进行购物休闲活动。

表 5-5　研究道路拥堵程度时的选择结果表

Z—A 段道路拥堵程度	Z—B 段道路拥堵程度	去往 A 的人数/人	去往 B 的人数/人
0.183 4		214 8	185 2
0.286 2	0.353 8	206 0	194 0
0.331 9		202 0	198 0
0.356 6		199 8	200 2

续表

Z—A 段道路拥堵程度	Z—B 段道路拥堵程度	去往 A 的人数/人	去往 B 的人数/人
0.534 3		183 1	216 9
0.672 5		169 4	230 6
0.771 5	0.353 8	159 1	240 9
0.949 0		140 1	259 9
0.967 1		138 1	261 9

这说明在当前时间价值水平下的自驾购物出行中，交通出行者对于道路拥堵程度的敏感性较高，对于同等条件的两购物中心，道路拥堵程度的相对高低会对出行者的购物出行选择产生显著影响。对比出行路径长度的影响研究发现，小区 Z 的交通出行者进行购物出行选择时，对道路拥堵程度的敏感程度不如出行路径长度的敏感程度高。这是因为背景交通量的多少只是影响路段拥堵程度的一个主要影响因素，交通出行者自身的出行选择结果也会对道路交通流量产生不可忽视的影响。例如，当路径 1 的背景交通量显著高于路径 2 的背景交通量时，在路径 1 和路径 2 同等长度的条件下，路径 1 的出行时间高于路径 2，小区 Z 的交通出行者必然会更多地选择去往商业中心 A 进行购物出行，则会给连接商业中心 A 与小区 Z 的路径 1 带来相对路径 2 而言更多的是从小区 Z 出发的由购物出行产生的道路交通量，反之亦然。因此，道路拥堵程度的变化会对购物出行的路径选择产生显著影响，而购物出行选择结果本身反过来又会对出行路径的道路拥堵程度产生影响，从而降低购物出行选择对道路拥堵程度的敏感程度。

如图 5-6 所示，小区 Z 居民选择去往商业中心 A 进行购物出行的比例随着出行距离的增加单调下降，下降速度变化幅度不大，略微呈现出先慢后快的变化趋势。当路径 1 的背景交通量修正系数从 0.183 4（为去路径 2 背景交通量修正系数的 51.84%）提高到 0.967 1 后（为路径 2 背景交通量修正系数的 2.733 5 倍），小区 Z 的交通出行者选择去往商业中心 A 进行购物的概率从 53.70% 降至 34.51%。小区 Z 居民选择商业中心 A 的购物出行比例的下降速度从 4.18% 单调增加到 12.76%，这说明当连接小区 Z 与商业中心 A 路段的背景交通量较高以后，大多数交通出行者选择去往商业中心 B 进行购物，然而道路的通行能力是有限的，过多的出行者选择去往商业中心 B 进行出行以后，连接小区 Z 和商业中心 B 的路段 2 的拥堵程度同样不容忽视。

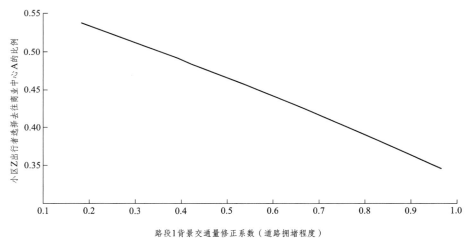

图 5-6　去往 A 出行比例随道路拥堵程度变化示意图

与此同时，连接小区 Z 和商业中心 A 的路段 1 上行驶的自驾购物交通出行车辆大为减少，此时路段 1 实际发生的道路拥堵程度相对路段 2 来说并未如背景交通量的差异那么显著，因此，虽然小区 Z 与商业中心 A 的背景交通量在不断增加，但是由于路段 1 的购物出行人数不断减少，小区 Z 的交通出行者去往商业中心 A 的出行时间并未随着背景交通量的增加而等比例增加，但是背景交通量修正系数实质上是路段通行时间的修正系数，背景交通量修正系数的等值增加将会扩大出行时间的增加幅度。这些因素共同造成小区 Z 居民选择商业中心 A 的购物出行比例的下降速度呈现先慢后快的变化趋势。

进而可得，以路径 1 与路径 2 背景交通量修正系数之比为横坐标，以小区 Z 居民选择商业中心 A 的比例为纵坐标的出行选择变化情况示意图，如图 5-7 所示。

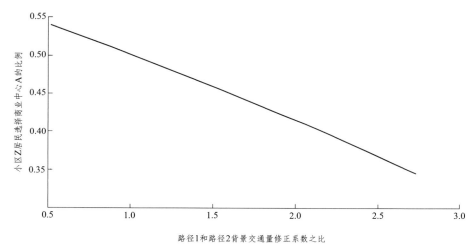

图 5-7　商业中心 A 出行比例随背景交通量修正系数之比变化示意图

如图 5-7 所示，背景交通量修正系数之比等于背景交通量之比，因此可以认为两条出行路径背景交通量修正系数的相对大小，可以体现小区 Z 居民进行购物出行选择前的出行路径道路交通拥堵情况。当背景交通量修正系数之比等于 1 时，即购物出行选择前的两出行路径拥堵情况相等时（两出行路径的其他条件也完全一致），小区 Z 居民选择商业中心 A 的出行比例为 50%，与选择商业中心 B 的出行比例相等，这也验证了所搭建交通模型的合理性。对比背景交通量之比为 0.5 和 1.5 时的交通系统情况可以发现，当路径 1 的背景交通量修正系数从路径 2 的 50% 增加到 100% 时，选择商业中心 A 的购物出行比例从 53.7% 下降至 49.94%，共下降了 3.76%；而当路径 1 的背景交通量修正系数从路径 2 的 100% 增加到 150% 时，选择商业中心 A 的购物出行比例从 49.94% 下降至 45.98%，共下降了 3.96%。可以认为背景交通量之比的变化对购物出行选择的影响呈现近似线性变化的趋势。因此，在一个道路条件相对稳定的城区范围内，根据道路拥堵程度和出行路径长度的不同,确定各个购物中心各自相对固定的覆盖范围,在此基础上根据各商业中心所覆盖的居住区情况和所在城市居民的购物习惯估算出各商业中心大致所需的停车泊位数。

在图 5-8 的基础上,通过多项式拟合得出商业中心 A 购物出行概率随居住区与两备选商业中心的背景交通量修正系数之比变化的公式:

$$y = -0.001\,4x^2 - 0.011\,7x + 0.551\,2$$

式中,x 为居住区 Z 去往商业中心 A 的出行路径 1 与居住区 Z 去往商业中心 B 的出行路径 2 的背景交通量修正系数之比,即 k_{bjA}/k_{bjB};y 为居住区 Z 的交通出行者选择去往商业中心 A 的概率,则居住区 Z 的交通出行者选择去往商业中心 B 的概率为 $1-y$。

该多项式拟合的相关系数 R 的平方值为 0.978 6,说明该多项式拟合的拟合度较高,具有一定的应用价值。

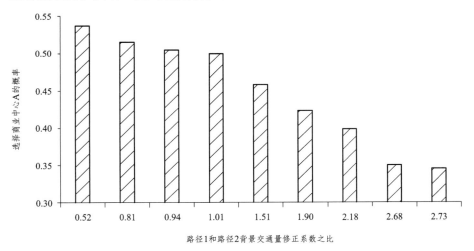

图 5-8　选择商业中心 A 的概率随路径 1、2 背景交通量修正系数之比变化示意图

5.5　结　论

在道路拥堵程度对居住区自驾购物出行选择的影响研究中,运用了遗

传算法和序列二次规划算法互相迭代求解所搭建的混合博弈模型。研究发现，小区居民选择商业中心进行自驾购物出行的概率随着道路拥堵程度的增加而下降，而由于道路拥挤程度非线性变化的干扰，该下降速度先慢后快。在只有两个备选商业中心的出行选择模型中，居住区居民选择某一商业中心的概率随着两出行路径背景交通量之比的变化规律，符合某一稳定的二次多项式的表达形式。因而商业中心开发商在规划商场停车泊位供给时必须考虑周边道路的拥堵情况，小区居民的停车需求会随着出行路径拥堵情况的不同发生显著改变，这会给各商业中心的停车压力带来显著变化。因此，商业中心停车压力并非一成不变，而是随着道路条件等的改变而发生变化，商业中心停车场管理者在日常的停车管理中，需要掌握当地停车需求的变化规律。

PART SIX

第 6 章

停车费率对商业中心停车需求的影响

6.1 研究背景

我国正处于快速机动化时期，出现了小汽车迅猛增长带来的停车问题及引发的城市交通、环境等问题。尤其是大城市车多地少，停车问题更为严峻。长期以来，我国大城市习惯于增加供给来满足日益增长的停车需求。然而，发达国家的停车规划实践表明，大城市必须转变停车规划策略，从充分供给转向需求管理才能治愈停车难的顽疾。

市域范围内的停车费率差异化设置属于典型的交通需求管理手段，通过调整各区域的停车收费费率，影响居民出行成本，以达到改变交通出行者的出行选择结果。尤其对于购物休闲娱乐出行这一类非刚性出行需求，停车成本的微妙变化对出行目的地的选择将发挥显著作用。交通治理现代化视野下需求管理政策的内涵，包含政策协同、科技驱动、社会共治等核心要义。战略与政策安排上，应注重交通与用地的协同以及各类交通政策在调控目标上的协同，并强化全周期管理意识。调控手段方面，抢抓科技革命的机遇，充分发挥大数据、物联网等数字化技术在科学支持重大交通政策决策方面的作用。治理模式上，通过制度设计与过程管控，强化政府、企业、公众等多元主体过程参与的协作关系。新的发展形势下，围绕源头减量、闭环管控、数据驱动、主动调控、社会治理 5 个方面，展望超大城市交通治理现代化视野下的需求管理政策。

（1）源头减量，健全土地交通协同发展机制。进一步提高城市绿色出行服务水平，围绕公共交通站点锚固城市空间格局和组织城市功能，降低私人机动化出行需求，优化城市空间环境品质。

（2）闭环管控，实现从单一政策到全生命周期闭环和组合政策协同的转变。构建面向小汽车拥有、使用、停放、淘汰的全周期、全成本管控体系。在此基础上，从限制小客车转向多方式统筹协调，重新审视和协调共享交通等各类出行需求和交通方式定位，形成更"广义"的需求管理政策体系。

（3）数据驱动，以大数据的开放共享为基础，通过新型基础设施与传统交通基础设施的融合发展，在感知层面实现全对象、全时空、全出行链需求特征的精准把握。基于精细化和高频次的监测评估，为需求管理政策实施效益的动态评估和政策力度调节触发机制的建立提供支持。

（4）主动调控，促进市民意识提升和价值观转变。完善主动需求管理政策体系，通过自愿停驶等人性化的柔性管理措施，培养市民绿色出行意识，逐步转变交通出行观念。持续完善员工出行管理政策，探索企业层面的公交补贴、错峰出行等管理措施。

（5）社会治理，搭建多方参与的协作平台和对话机制。以社会治理为基础构建交通综治治理制度框架，搭建多方参与的协作平台和对话机制，为交通需求管理等敏感、关键交通政策的实施争取最大限度的支持，维护社会的公平正义。

面向未来，交通需求管理政策将承载更加多元的价值，将更加关注公共资源配置效益与社会民生福祉。政策的调控目标也将从单纯的关注道路运行车速，转向时间更可控的出行服务、更健康更可持续的交通方式结构、更公平的社会空间资源和财政资源分配机制。交通需求管理政策的实施，需要以非常之决心行非常之事，需要通过合理的政策体系、精细的调控措施、科学的实施路径，持续迈向交通治理现代化。

停车收费管理对于交通拥堵的改善效果在多地得到验证，以江西省宜春市2021年1月1日起实施的《宜春中心城区机动车停放服务收费管理办法》为例进一步说明其作用机理。

总体原则：充分发挥市场在资源配置中的决定性作用，依法放开具备竞争条件的停车设施服务收费，管住管好自然垄断经营、公益性特征明显的停车设施服务收费，运用停车服务收费政策，吸引社会资本建设停车设施，化解停车市场供需矛盾，提高停车资源配置效率，缓解城市交通拥堵状况。健全主要由市场决定价格的停车服务收费形成机制，规范停车服务收费行为。推进政府定价管理制度化科学化，区别停车场性质特点、停车供求关系、城市区域和停车时段，实行分类定价管理，实施差别化收费政策。对自然垄断经营和公益性特征的停车服务收费，实行政府定价或政府指导价管理，且收费标准视成本变化情况，调整周期不低于 3 年。

分类管理：停车设施，按性质不同分为社会资本全额投资建设的停车设施、政府与社会资本合作（PPP）建设的停车设施、自然垄断经营和公益性特征的停车设施。① 社会资本全额投资建设的停车设施：服务收费标准由经营者依据价格法律法规和相关规定，根据市场供求和竞争状况自主制定收费标准。② 政府与社会资本合作（PPP）建设的停车设施：具体收费标准由政府出资方与社会投资者遵循市场规律和合理盈利原则，统筹考虑建设运营成本、经营期限、社会承受能力、政府财力投入、土地综合开发利用等因素协议确定。③ 自然垄断经营和公益性特征的停车设施：为规范定价行为，对自然垄断经营和公益性特征的停车服务收费，需实行政府定价或政府指导价管理。根据《江西省定价目录》，以下情形应纳入政府价格管理范畴：城市道路临时占道依法施划设置停车泊位；政府全额投资建设的公共停车场；机场、车站等配建的停车场；医疗机构、体育场馆、旅游景区、博物馆等配建的停车场；执法部门查扣车辆指定停车场及其他停车场。

随着宜春市停车收费管理办法出台，中心城区停车收费管理工作成为城市畅通工程的重要环节，各相关单位要高度重视，在政府的统一领导下，密切配合，认真履行各自职责，切实做好相关工作。市综合行政执法局要切实履行对中心城区各类停车场的建设和管理的主体职责，规范各类停车场标识，合理划定公共资源停车场（泊位）路段类别，实行动态调整，对公共资源停车场（泊位）组织实施收费管理，加强中心城区停车收费政策宣传；市公安局交通警察支队要合理规划好机动车道路停车泊位，标示清楚，落实好执法部门查扣车辆指定停车场收费政策；市交通运输局要加强城市巡游出租车管理，规范出租车停放秩序，落实执法查扣车辆停放收费政策；税务部门要加强对车辆停放收费票据的管理，定期开展停车场收费票据的稽查，对不使用税务票据的行为予以查处；市发改委要规范停车场经营者价格行为，加强政府投资建设的保障性住房（公租房）小区停车收费管理，核准停车收费标准；市场监督管理局加强价格监督检查，依法查处乱收费行为，落实明码标价规定。

与南昌、新余、景德镇、赣州等城市相比，宜春市停车管理有以下特征：

（1）免费时间最长，道路临时停车泊位与公共停车场的一、二类区域均是 30 分钟内免费停放，三、四类区域免费时长达到 90 分钟。

（2）起始收费标准低，道路临时停车泊位起始收费标准为首小时内 2 元，低于赣州与新余的首小时 3 元；公共停车场的一、二类区域为首小时 4 元，低于赣州、新余、景德镇。

（3）加收费用定价合理，如公共停车场一类区域每增加半小时加收 1 元，二、三、四类区域每增加 1 小时加收 1 元，低于南昌、景德镇的加收标准。

对于特殊车辆和特殊区域，实行优惠政策：

（1）对执行任务的军车、警车、消防车、救护车、救灾抢险车、市政设施维护维修车、环卫作业车、殡葬车等车辆和已办理车牌证、驾驶证的残障人专用机动车免收停车费。

（2）将殡仪馆列为免收停车费场所。

（3）对新能源等绿牌汽车实行停车费减半的优惠政策。

（4）次干道夜间 22 点至次日 8 点免费停放，背街小巷夜间 20 点至次日 8 点免费停放。

参照《宜春中心城区机动车停放服务收费管理办法》中对中心城区实

施差异化停车收费标准的停车收费管理办法，市域范围内的商业中心停车场是否可以尝试实施差异化的停车收费标准，构建不同商业中心停车场之间的联动机制，发挥停车收费调控交通出行需求的经济杠杆作用值得研究。路外停车场智能停车收费设施如图 6-1 所示。

图 6-1　路外停车场智能停车收费设施

停车场的联动作用机制已经在停车诱导系统中得到一定的应用（见图 6-2 ）。首先，车位变化数据通过无线公用通信网络由停车诱导系统进行传送，经过停车诱导控制系统进行处理，生成对应于各停车场的空余泊位数据，并对相应信息显示牌进行划分。对应停车场的空余泊位数据再通过无线通信网络，下达到相应信息显示牌显示空余泊位，从而向驾驶员提供各停车场的有效空位信息。

停车诱导系统具有以下特点：① 车位引导功能：控制显示屏，引导车主以最短的时间快速进入空闲车位，提高停车场的使用率、优化停车环境，提高客户满意度。② 固定车位保护功能：通过规避引导，实现对于定保、月保、固定等专用车位的保留。③ 实时监控车位状态：系统可以实时显示车位占用情况，统计停车场车位的占用数、空余数，统计时间段内各类车辆的进、出场数等，方便管理人员对车场的监控及管理。④ 统计功能：能统计停车场每天和每月的使用率、分时段使用率等，方便业主了解停车场的使用状况。⑤ 停车时间检测功能：汽车停入车位后开始计时，车场管理人员可以在控制室随时了解车位的停车情况。⑥ 权限控制功能：多级权限控制功能，方便对相关信息的控制和保密。

图 6-2　停车诱导系统一级诱导显示屏

　　停车诱导系统硬件系统组成如下：① 超声波车位探测器：安装在每个车位的正上方，采用超声波测距的工作原理采集停车场的实时车位数据，并将采集信息通过 RS-485 通信反馈到车位显示灯及节点控制器。② 指示灯：接收 RS-485 通信反馈，显示车位状态。③ 节点控制器：节点控制器是超声波车位探测系统的中间层，用于对超声波探测器进行分组管理，循环检测所辖探测器的信息，并将有关信息传到中央控制器。一个节点控制器可以控制 40 ~ 60 个车位探测器。④ 中央控制器：整个系统的核心，主要用于负责整个停车场车位信息的采集与数据处理，并将处理结果反馈到 LED 引导屏进行车位信息的显示。一个中央控制器最多可以控制 64 个节点控制器。⑤ 室内 LED 引导屏：接收中央控制器的车位信息，用数字和文字形式实时显示所连接区域当前空闲车位数量，可 24 小时全天候使用（见图 6-3）。内部程序还可以根据用户要求随时修改，显示用户需要的其他信息。⑥ 户外 LED 引导屏：户外 LED 显示屏由高亮度户外 LED 模块、驱动电路、控制电路、支架等部分组成（见图 6-4）。功能与室内 LED 引导屏一样。⑦ 车位引导系统软件：软件中嵌入了车位电子地图，可以直观地实时反映停车场车位使用情况，操作员可直接根据电子地图来监控车场状况，对于错停车位的车辆，支持手动改写其停车位，以调整车位实占情况。

图 6-3　停车诱导系统停车场内部诱导显示屏

图 6-4　停车诱导系统二级诱导显示屏

参照停车诱导系统的建设，交通管理部门和开发商们可以将不同商业中心的实时停车收费标准信息分层分级地告知自驾购物出行者，方便他们在出行选择前和出行过程中随时获取各商业中心停车场的停车收费信息，做出理性决策。那么，差异化的停车收费管理措施能对自驾购物出行选择结果产生多大的影响，其对缓解道路交通压力和停车压力有什么作用值得进一步研究。

6.2 参数设置

为了研究上述问题，参数设置如表 6-1 所示。

表 6-1 研究差异化收费影响时的参数设置表

序号	参数代号	参数意义	取值
1	l_1	小区 Z 距离商业中心 A 的出行距离	6.3 千米
2	l_2	小区 Z 距离商业中心 B 的出行距离	6.3 千米
3	v_0	自由流速度	30 千米/小时
4	γ	时间价值	19.62 元/小时
5	c_1	连接小区 Z 与商业中心 A 的路段 1 的通行能力	3 200 辆/小时
6	c_2	连接小区 Z 与商业中心 B 的路段 2 的通行能力	3 200 辆/小时
7	β_e	EMME2 锥形延误函数的参数	1.5
8	β_1	道路拥堵程度的敏感度修正系数	0.8
9	μ_1	路段 1 背景交通量修正系数的均值	0.5
10	μ_2	路段 2 背景交通量修正系数的均值	0.5
11	σ_1	路段 1 背景交通量修正系数的标准差	0.1
12	σ_2	路段 2 背景交通量修正系数的标准差	0.1

续表

序号	参数代号	参数意义	取值
13	k_{bj1}	路段 1 背景交通量修正系数	0.553 8
14	k_{bj2}	路段 2 背景交通量修正系数	0.553 8
15	k_{A0}	商业中心 A 的基础停车费率	0，1，2，3，…，20 元
16	k_{B0}	商业中心 B 的基础停车费率	5 元
17	f_{dj1}	商业中心 A 的单位地价	2 万元/平方米
18	f_{dj2}	商业中心 B 的单位地价	2 万元/平方米
19	f_0	单位地价基础值	1.6 万元/平方米
20	k	可接受后悔度	2 元
21	q_0	自驾购物出行量基础值	2 000 人
22	n	小区 Z 自驾购物出行者总量	4 000 人

在具体计算中，综合运用遗传算法和序列二次规划算法进行迭代求解。如前所述，求解步骤如下：首先定义约束条件范围内的任一初始种群，再运用遗传算法进行计算，找到局部最优点；其次将之前遗传算法求出的局部最优解作为序列二次规划算法的初值进行计算，得到更优的解；最后将序列二次规划算法求出的更优的解作为遗传算法的初始种群中的一支进行计算。

为了验证计算方法的科学性，现以路段 1 基础停车费率等于 0 元，路段 2 基础停车费率等于 5 元的情况为例，运用上述计算方法进行计算，其最后一次迭代中的遗传算法的计算过程如下：

如图 6-5 所示，遗传算法的参数设置如下：共迭代 200 代，每代种群 100 个，交叉概率（Crossover Fraction）为 0.6，变异概率（Migration Fraction）为 0.2，初始种群（Initial Population）为这次迭代中序列二次规划算法计算的结果。

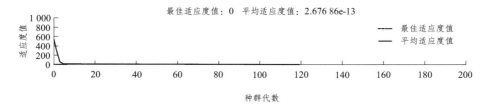

图 6-5 遗传算法计算过程示意图

可以看出，初始种群的平均适应度值较高，接近 600。初始种群的最佳适应度值也几乎为 0。随着遗传算法的进行，大约在进化到第 6 代种群时，平均适应度值和最佳适应度值都趋近于 0。此后，一直进化到第 119 代处完成计算，此时，第 119 代种群的平均适应度值仅为 $2.676\,86\times10^{-13}$，第 119 代种群的最佳种群适应度值更小，为 0。可以认为此时小区 Z 交通出行者的后悔程度为零，总后悔度显然小于可接受后悔度 $k=2$ 元，即交通出行者的出行选择行为达到了混合博弈理论中的绝对不后悔状态，交通出行者的出行选择行为将不再主动发生改变，整个交通系统达到了稳定的运行状态，计算完成。重复以上计算过程可得到各拥挤程度条件下的最终适应度值，如表 6-2 所示。

表 6-2 研究停车费率时的适应度汇总表

序号	A 基础停车费率/元	B 基础停车费率/元	适应度值	可接受后悔度值
1	0	5	0	2
2	1		$1.577\,7\times10^{-30}$	
3	2		$6.310\,9\times10^{-30}$	
4	3		0	
5	4		$2.524\,4\times10^{-29}$	
6	5		0	
7	6		0	
8	7		0	

续表

序号	A 基础停车费率/元	B 基础停车费率/元	适应度值	可接受后悔度值
9	8		6.3109×10^{-30}	
10	9		0	
11	10		6.3109×10^{-30}	
12	11		0	
13	12		0	
14	13		0	
15	14	5	0	2
16	15		0	
17	16		0	
18	17		0	
19	18		0	
20	19		0	
21	20		0	

如表 6-2 所示，当路段 1 基础停车费率为 0 元、3 元、5 元、6 元、7 元、9 元、11 元、12 元、13 元、14 元、15 元、16 元、17 元、18 元、19 元和 20 元时，最终计算结果对应的最佳适应度值均为 0，这意味着这些基础停车费率下的交通出行者出行选择行为达到了理论上的绝对不后悔状态，此时出行者做出任何改变都将使出行成本上升。除了上述情况，其他各基础停车费率下的最终适应度值也均小于可接受后悔程度（k 等于 2 元）。可以认为各基础停车费率下的交通出行者出行选择行为达到了混合博弈理论中的绝对不后悔状态，各基础停车费率下的交通出行者出行选择行为将不再主动发生改变，各基础停车费率下的交通系统均达到了稳定运行状态。

6.3 算例分析

如表 6-3 所示，当商业中心 B 基础停车费率固定为 5 元后，小区 Z 交通出行者的出行选择行为随着商业中心 A 基础停车费率的增加发生了显著改变。其中，当商业中心 A 免费停车时（即商业中心 A 基础停车费率为 0 元时），大多数小区 Z 的交通出行者选择停车成本更低的商业中心 A，62.13%的出行者选择自驾前往商业中心 A 进行休闲购物活动。当商业中心 A 开始收取停车费，且商业中心 A 的基础停车费为 1 元时，仅有 115 人改变了购物出行的目的地，从选择去往商业中心 A 进行购物休闲娱乐活动改变为去往商业中心 B 进行购物活动。如果考虑开征停车费对于出行者出行选择的心理影响，则当商业中心 A 刚开始收取停车费时，理应有更多的出行者会改变出行选择，然而模型中并未对这些心理干扰因素进行建模。因此当商业中心 A 的基础停车费从 0 元变为 1 元时，去往商业中心 A 的自驾购物出行者仅仅下降了 4.63%。由于此时商业中心 A 的基础停车费率仍显著低于商业中心 B 的基础停车费率，大部分的小区 Z 交通出行者（59.25%）仍然选择去往商业中心 A 进行购物。

表 6-3 研究停车费率时的选择结果表

A 基础停车费率/元	B 基础停车费率/元	去往 A 的人数/人	去往 B 的人数/人
0		2 485	1 515
1		2 370	1 630
2		2 265	1 735
3	5	2 170	1 830
4		2 081	1 919
5		2 000	2 000
6		1 925	2 075
7		1 855	2 145

续表

A 基础停车费率/元	B 基础停车费率/元	去往 A 的人数/人	去往 B 的人数/人
8		1 790	2 210
9		1 730	2 270
10		1 673	2 327
11		1 620	2 380
12		1 571	2 429
13		1 524	2 476
14	5	1 480	2 520
15		1 439	2 561
16		1 399	2 601
17		1 362	2 638
18		1 327	2 673
19		1 294	2 706
20		1 262	2 738

当商业中心 A 的基础停车费率增加到 5 元时，也就是两商业中心的基础停车费率同等大小时，小区 Z 的交通出行者中选择去往商业中心 A 或 B 的比例完全相等，都为 2 000 人。此时两出行选择的所有条件都相等，因此两商业中心的出行选择比例也完全相等，这也从侧面证明了模型的合理性。当商业中心 A 的基础停车费率增加到 10 元时，商业中心 A 的基础停车费率大大高于商业中心 B 的停车费率，小区 Z 的交通出行者理应更多地选择停车成本相对更低的商业中心 B 进行购物出行，事实上，此时小区 Z 的交通出行者中选择去往商业中心 B 的人数占到了总人数的 58.18%。

当商业中心 A 的基础停车费率继续增加到 15 元时，小区 Z 的交通出行者选择去往商业中心 B 的人数占到了总人数的 64.03%，大多数的交通出行者选择了停车成本相对低得多的商业中心 B 购物出行。当商业中心 A 的基础停车费率最终增加到 20 元时，仅有 1 262 人选择去往停车成本相对高得多的商业中心 A 进行购物出行，68.45%的交通出行者选择去往更近的商业中心 B 进行购物休闲活动。

这说明在当前时间价值水平下的自驾购物出行选择行为中，交通出行者对于停车费用的敏感性同样较高，对于同等条件的两购物中心，基础停车费率的相对高低同样会对出行者的购物出行选择行为产生显著影响。

对比出行路径长度的影响研究可以发现，小区 Z 的交通出行者进行购物出行选择时，对商业中心基础停车费率的敏感程度不如出行路径长度的敏感程度高，这是因为基础停车费率的高低只是影响最终出行选择停车成本的一个主要影响因素。在该交通模型中，交通出行者自身的出行选择结果也会对最终停车成本产生不可忽视的影响。例如，当商业中心 A 的基础停车费率显著高于商业中心 B 的基础停车费率时，小区 Z 的交通出行者必然会更多地选择去往商业中心 B 进行购物出行，则会给商业中心 B 带来相对商业中心 A 而言更多的从小区 Z 出发的停车需求量，这会给商业中心 B 带来更大的停车压力。依照 3.4 节所搭建的停车收费模型，最终的停车成本等于基础停车费率乘以地价修正系数和停车压力修正系数，这意味着基础停车费率更低的商业中心 B 会吸引更多的停车需求，从而带来更大的停车压力，使两商业中心的最终停车费用不如基础停车费率所表现得那么大，造成小区 Z 交通出行者的最终选择结果产生偏差，反之亦然。因此，商业中心基础停车费率的变化会对购物出行的目的地选择产生显著影响，而购物出行选择结果本身反过来又会对最终的停车成本产生影响，从而降低购物出行选择对商业中心基础停车费率的敏感程度。

如图 6-6 所示，小区 Z 居民选择去往商业中心 A 进行购物出行的比例随着商业中心 A 的基础停车费率的增加单调下降，下降速度变化幅度不大，略微呈现出先快后慢的变化趋势。

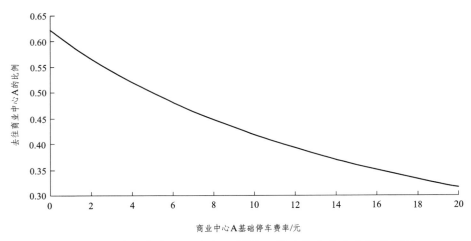

图 6-6 去往商业中心 A 出行比例随 A 基础停车费率变化示意图

当商业中心 A 的基础停车费从 1 元（为商业中心 B 基础停车费的 25%）提高到 4 元（为商业中心 B 基础停车费的 80%）后，小区 Z 的交通出行者选择去往商业中心 A 进行购物的概率从 59.25%降至 52.03%，此时，去往商业中心 A 出行比例的平均下降速度为 4.15%。当商业中心 A 的基础停车费从 5 元（为商业中心 B 基础停车费的 100%）提高到 11 元（为商业中心 B 基础停车费的 2.2 倍）后，小区 Z 的交通出行者选择去往商业中心 A 进行购物的概率从 50%降至 40.51%，此时，去往商业中心 A 出行比例的平均下降速度为 3.39%。当商业中心 A 的基础停车费从 12 元（为商业中心 B 基础停车费的 2.4 倍）提高到 20 元（为商业中心 B 基础停车费的 4 倍）后，小区 Z 的交通出行者选择去往商业中心 A 进行购物的概率从 39.27%降至 31.55%，此时，去往商业中心 A 出行比例的平均下降速度为 2.70%。可以看出，随着商业中心 A 基础停车费率从 0 元提高到 20 元，小区 Z 居民选择商业中心 A 购物比例的下降速度单调下降，这说明当商业中心 A 基础停车费率足够高之后，会产生大量去往商业中心 B 的新增购物出行者。虽然商业中心 B 的基础停车费率相对商业中心 A 在不断下降，但这批新增的商业中心 B 出行者会增加商业中心 B 的停车压力，从而增加实际的停车成本，这也印证了购物出行选择结果本身又会反过来对最终的停车成本产生影响，从而降低购物出行选择对商业中心基础停车费率的敏感程度。进而可得，以商业中心 A 与商业中心 B 的基础停车费率之比为横坐标，以商业中心 A 出行选择概率为纵坐标的出行选择变化情况示意图，如图 6-7 所示。

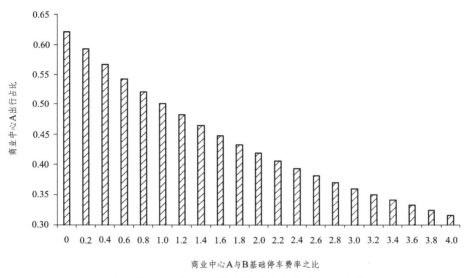

图 6-7　商业中心 A 出行比例随基础停车费率之比变化示意图

如图 6-7 所示，两商业中心基础停车费率之比可以体现商业中心停车成本的相对大小。当两商业中心基础停车费率之比等于 1 时，即购物出行选择前的两出行路径的交通出行成本相等时（两出行路径的其他条件也完全一致），小区 Z 居民选择商业中心 A 的出行比例为 50%，与选择商业中心 B 的出行比例相等，这也验证了所搭建交通模型的合理性。对比基础停车费率之比为 0.6 和 1.6 时的交通系统情况可以发现，当商业中心 A 的基础停车费率从商业中心 B 的 60%增加到 100%时，选择商业中心 A 的购物出行比例从 54.24%下降至 50%，共下降了 4.24%；而当商业中心 A 的基础停车费率从商业中心 B 的 100%增加到 160%时，选择商业中心 A 的购物出行比例从 50%下降至 44.76%，共下降了 5.24%。可以认为基础停车费率之比的变化对购物出行选择的影响呈现近似线性变化的趋势。因此，在一个道路条件相对稳定的城区范围内，根据商业中心基础停车费率的不同，确定各个购物中心各自相对固定的覆盖范围，在此基础上根据各商业中心所覆盖的居住区情况和所在城市居民的购物习惯可以估算出各商业中心大致所需的停车泊位数。

在图 6-7 的基础上，通过多项式拟合可以得出商业中心 A 购物出行概率随两商业中心基础停车费率之比变化的公式：

$$y = 0.000\,5x^2 - 0.025\,6x + 0.639\,6$$

式中，x 为商业中心 A 与商业中心 B 的基础停车费率之比，即 k_{A0}/k_{B0}；y 为居住区 Z 的交通出行者选择去往商业中心 A 的概率，则居住区 Z 的交通出行者选择去往商业中心 B 的概率为 $1-y$。

该多项式拟合的相关系数 R 的平方值为 0.999，说明该多项式拟合的拟合度很高，具有一定的应用价值。

综上所述，在商业中心停车费率对居住区自驾购物出行选择的影响研究中，运用遗传算法和序列二次规划算法互相迭代求解所搭建的混合博弈模型。研究发现，小区居民的购物出行选择对商业中心停车费率的敏感性较高，小区居民选择商业中心进行自驾购物出行的概率随着商业中心基础停车费率的增加而下降，而由于小区居民自身选择结果的非线性干扰，该下降速度略微呈现先快后慢的总体趋势。在只有两个备选商业中心的出行选择模型中，居住区居民选择某一商业中心的概率随着两商业中心基础停车费率之比的变化规律，符合某一稳定的二次多项式的表达形式。

6.4 结 论

为了研究差异化的停车收费管理措施对自驾购物出行选择结果产生多大的影响，以及其对缓解道路交通压力和停车压力有什么作用，本章在假设场景中，分别针对两商业中心设置可变停车费率和固定费率，通过对比不同停车费用下交通出行者的出行选择情况，研究了差异化停车收费管理措施对自驾购物出行的影响。研究表明，小区居民的购物出行选择对商业中心停车费率的敏感性较高，小区居民选择商业中心进行自驾购物出行的概率随着商业中心基础停车费率的增加而下降，而由于小区居民自身选择结果的非线性干扰，该下降速度略微呈现先快后慢的总体趋势。在只有两个备选商业中心的出行选择模型中，居住区居民选择某一商业中心的概率随着两商业中心基础停车费率之比的变化规律，符合某一稳定的二次多项式的表达形式。在现实的城市交通环境中，交通管理部门可以通过设置有针对性的商业中心停车收费政策来引导交通出行，缓解交通供需在时间和空间分布上的不均衡，特别是有限的商业中心停车供给和大量的自驾购物出行需求之间的矛盾，不合理的停车收费政策将会带来停车资源的极大浪费，也不利于商业中心消费活动的正常开展，而制定正确的停车收费标准需要诸多因素，如商业中心覆盖小区居民的个人属性情况、居民的购物出行习惯情况、购物出行路径的道路交通条件情况及停车供给情况等。

PART SEVEN

第 7 章

基于混合博弈理论和神经网络的 OD 反推技术研究

7.1 研究背景

进入 21 世纪，我国经济增长步入快车道，相应的基础设施建设也在不断跟进，道路里程、路网规模都呈现出井喷式发展。截至 2018 年年末，全国四级及以上等级公路总里程达到 447 万 km，其中高速公路里程 11.19 万 km。到 2020 年，河北省公路网总规模达到 25 万 km，高速公路突破 9 000 km。随着我国公路建设的快速发展，路网变得异常庞大而复杂。在此情况下，公路网络的规划、建设中工作的决策问题也随之变得十分复杂而重要。与此同时，随着时间的推移，公路维修工作，特别是大型维修（涉及断交施工）工作也会成为未来公路交通部门工作的重点之一。城市交通方面，随着经济发展速度和城市化进程的加快，我国大型以上规模的城市数量也有了巨大变化。据统计，截至 2018 年，百万人以上城市 303 个，其中千万人以上城市就有 16 个。对于大城市、特大城市而言，随着城市规模的增大和大型基本建设项目的增多，城市交通交通系统将会而日趋庞大而复杂。上述情况说明，我国未来的交通系统，无论是公路交通系统，还是城市交通系统，其复杂程度和对社会的影响程度将会进一步加剧。这自然也加大了交通系统分析的难度。其中，在公路交通建设规划、大型维修项目交通组织方案研究与制定，以及城市大型交通项目的交通影响分析过程中，需要进行交通需求分析，而作为其重点工作之一的交通 OD 的获取，变得尤为重要。

OD（Origin-Destination）出行是交通工程学的基本研究单位，在多 OD 出行场景中，OD 出行矩阵的获取是交通预测四阶段法的关键步骤。为了获得目标年的 OD 出行矩阵，通常需要进行基年 OD 出行调查。OD 调查即交通起止点调查，又称 OD 交通量调查，OD 交通量就是指起终点间的交通出行量。"O"来源于英文 Origin，指出行的出发地点；"D"来源于英文 Destination，指出行的目的地。通常利用个人出行调查和机动车 OD 调查等来获取 OD 交通量。其中又可分为客流 OD 调查和货流 OD 调查。前者的调查内容主要有起止点分布、出行目的、出行方式、出行时间、出行距离、出行次数等。由此可以确定公交线网上的乘客分布规律，为公交线网优化提供数据，也可以确定各线路的乘客平均乘距及乘客平均乘行时间，建立居民出行量与车流量之间的换算关系。通过个人出行调查获得的数据是进行城市综合交通体系规划与评价的基础数据。货流 OD 调查内容主要有各单位的货运人，运出量、调查日各交通区之间及各交通区与外地之间的货物来往量，各单位历年的一些基础数据等。由此可以为分析、预测货物发生（即各交通区的货运人、运出量）、分布（即各交通区之间及交通区与外地之间的货物来往量）提供必要的基础数据。

OD 调查方法很多。在我国，客流 OD 调查多采用家访调查，货流调查多采用发收表调查。家访调查是对居住在调查区内的住户，进行抽样家访。由调查员当面了解该户中包括学龄前儿童在内的 6 年以上（如北京 1986 年进行的个人出行调查）全体成员的详细出行情况，包括出发地、出发时间、目的地、到达目的地的时间、交通工具、出行目的、换乘情况、上车前后的步行时间等。这种调查方法获取的数据可靠，而且还可同时得到出行者的个人属性及社会经济特征资料。发收表调查是将调查表格发到卡车驾驶员处，由驾驶员逐项填写，主要包括发时、抵时、货种、载重、起止点路段名和单位名，经过主要路口、里程等。事实证明，这两种调查方法的调查效果都很好。此外，还有路边询问调查、明信片调查、工作出行调查、车辆牌照调查、运输集散点调查、公交线路乘客调查、电话询问调查等。每种方法都各有优缺点，可根据实际情况加以选用，也可以同时采用几种方法，以互补不足或互相校对。OD 调查结果通常用一个二维表格表示，称为 OD 表，也叫 OD 矩阵。OD 调查结果还可以通过期望值图、交通发生统计图、交通统计量图、交通等值线图、各种不同因素与 OD 量两两相关的分布曲线（相关曲线）等来表示。其中期望值图应用较为广泛，它是连接各小区出行路径的直线，代表了小区间所发生的出行，其宽度通常按小区间出行数比例大小而定。这些图表为进一步的工作提供了方便。

目前，还有一种利用路段交通量进行反推获得 OD 交通量的方法，此法节省开支、调查解析时间短、所需人力少，在进行短期规划和政策效果分析等方面，有很大的优越性。OD 反推是指由路段交通流量推算出行分布（即 OD 表）的数学模型，20 世纪 70 年代出现于国外的研究成果中，能显著减少大规模 OD 调查所耗费的大量人力、财力和时间。其原理是认为从分配 OD 表得到路段交通量的计算步骤可逆向进行，模型的形态是数学规划问题。其目标函数是推算出的 OD 量分配后所得总出行时间（或路段交通量）与观测的总出行时间（或路段交通量）偏差最小。为使求解值唯一，需有约束及假设条件，采取不同的附加约束及假设，便构成不同推算模型。就数学方法本身已能证明 OD 反推是可行的，但由于影响 OD 分布的因素很多，非路段交通量因素所能包容，故离实用阶段尚有很大差距。国内一些城市做过尝试，很少获得满意和令人信服的结果，在国外成熟的推算模型亦不多见。

目前常用的 OD 反推方法有极大熵法、最小信息量模型、线性规划法（一般模型、双层规模模型）、统计法（极大似然估计模型、最小二乘法模型、贝叶斯模型）。以上模型所适用范围有限，很难准确地表达出路段流量与 OD 之间的内在联系，因此寻找一种反推模型，该能够很好地表达路段流量与 DO 之间存在的某种联系，从而提高反推精度。但是在通过路段流量进行 OD 反推的过程中存在一些影响反推精度的因素，如交通状况、环境、人为因素等。实际情况下，OD 分配量和路段流量内在具有某种联系，而之前通过各种模型建立起来的出行量与路段流量间的关系不能精确地描述这种内在关系。此时，输入与输出联系紧密的神经网络以为其特有的高度自组织与自适应能力以及信息存储能力，较强的计算能力、本身具有的非线性特征，因而可以表达任意线性与非线性关系，可以很好地表达路段流量与 OD 之间的内在关系，从而使通过人工神经网络推算 OD 矩阵成为可能。既然调查获得的 OD 矩阵与实际的出行情况也有很大差异，那不妨假设 OD 矩阵然后根据现有路网进行交通分配，得到相应训练数据之后训练神经网络，然后通过调查相应路段的真实交通量作为检验数据输入神经网络中，从而得到实际的 OD 矩阵。训练数据的输入和输出是有一定规律的，每个数据是相对应的，只有这样才能保证当输入真实交通量的时候得到的才可能是与真实 OD 相对应的数据。

如何利用假设 OD 矩阵（作为神经网络训练样本）通过交通分配方法方便快捷地获得实际路网的交通流量是亟待解决的问题。交通分配是四阶段法的最后一个阶段，其目的是将各种出行方式的 OD 矩阵，按照一定的路径选择分配到交通网络的道路上，得到交通网络上的交通流的分布情况，使前三个阶段的工作得以落地。宏观上可以分为两大类：一类是平衡分配，另一类是非平衡分配。平衡分配很难求解，因为这要求整个网络达到这样一种状态：同一 OD 对之间所有被使用的路径时间是相等的，且小于所有未被使用的路径。所有用户都没有办法单方面改变自己的路径来达到降低自己时间的目的，整个系统达到均衡状态，出行总时间达到最小。而非平衡分配算法则不要求能达到如此严苛的分配结果，常用的有全有全无法、容量限制法、增量分配法等。全有全无法是直接把各 OD 对的出行量加载到线路上，不用考虑线路拥挤情况等，这是最简单的分配方法；容量限制法则考虑了道路容量，会在多次运用全有全无法的加载过程中不断更新路段的阻抗；而增量限制法则是每次按总交通量的一定比例，分多步逐渐加载到道路上，每次加载后更新其阻抗值。常见的交通分配大多通过 TRANSCAD 软件（美国 Caliper 公司的专业交通 GIS 软件）进行计算，但是该软件所适用的交通路网复杂性和分配模型参数设置的灵活性存在限制，对于模型研究的适应性偏低。本书所搭建的基于后悔理论的出行选择混合博弈模型（3.3 节）具有平衡分配的基本性质，而且模型搭建简单直观、模型求解快捷准确。因此，在训练样本路段流量的计算中采用 3.3 节所搭建的出行选择混合博弈模型。

综上所述，本书中目标年 OD 矩阵的具体计算方法如下：① 搭建简单多 OD 出行交通网络；② 随机假设若干组出行 OD 矩阵；③ 运用出行选择混合博弈模型在所搭建的多 OD 交通中进行交通分配获得路段流量；④ 通过 MATLAB 软件搭建 BP 神经网络模型，并将部分路段流量和对应 OD 矩阵作为训练样本进行训练；⑤ 运用训练完成的神经网络对剩余的路段流量进行 OD 反推计算，获得神经网络模型计算出的 OD 矩阵，将该 OD 矩阵与混合博弈模型中对应的 OD 矩阵进行对比，验证所搭建的神经网络模型的合理性。

7.2　交通场景

为了研究上述问题，现假设多 OD 交通场景如图 7-1 所示，该假设场景中有 6 个节点（A、B、C、D、E、F）和 16 条有向线段组成的交通网络系统。其中 A、B、C、D、E、F 为 6 个出行端点（既是交通吸引点又是交通发生点）。整个道路交通网络由 10 条外围道路（1、2、3、4、7、8、13、14、15、16）和 6 条连接中心和外围的道路（5、6、9、10、11、12）共同组成。假设外围道路的通行能力相对较低（单向 2 车道），连接中心和外围的道路通行能力相对较高（单向 3 车道）。

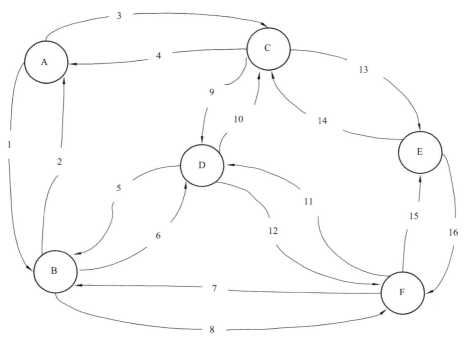

图 7-1 多 OD 交通网络示意图

假设各 OD 中的可选策略的代号如表 7-1 所示。

表 7-1 各出行 OD 交通选择中可选路径代号

OD	可选出行路径及选择结果代号		OD	可选出行路径及选择结果代号	
A—B	1	3—9—5	D—A	5—2	10—4
	$p1$	$p2$		$p31$	$p32$
A—C	3	1—6—10	D—B	5	12—7
	$p3$	$p4$		$p33$	$p34$
A—D	1—6	3—9	D—C	10	12—15—14
	$p5$	$p6$		$p35$	$p36$
A—E	3—13	1—8—15	D—E	12—15	10—13
	$p7$	$p8$		$p37$	$p38$

续表

OD	可选出行路径及选择结果代号		OD	可选出行路径及选择结果代号	
A—F	1—8	3—13—16	D—F	12	5—8
	$p9$	$p10$		$p39$	$p40$
B—A	2	6—10—4	E—A	14—4	16—7—2
	$p11$	$p12$		$p41$	$p42$
B—C	6—10	2—3	E—B	16—7	14—9—5
	$p13$	$p14$		$p43$	$p44$
B—D	6	8—11	E—C	14	16—11—10
	$p15$	$p16$		$p45$	$p46$
B—E	8—15	6—10—13	E—D	14—9	16—11
	$p17$	$p18$		$p47$	$p48$
B—F	8	6—12	E—F	16	14—9—12
	$p19$	$p20$		$p49$	$p50$
C—A	4	9—5—2	F—A	7—2	15—14—4
	$p21$	$p22$		$p51$	$p52$
C—B	9—5	4—1	F—B	7	11—5
	$p23$	$p24$		$p53$	$p54$
C—D	9	13—16—11	F—C	15—14	11—10
	$p25$	$p26$		$p55$	$p56$
C—E	13	9—12—15	F—D	11	7—6
	$p27$	$p28$		$p57$	$p58$
C—F	13—16	9—12	F—E	15	11—10—13
	$p29$	$p30$		$p59$	$p60$

那么根据假设，每个路段的流量的构成如表 7-2 所示。

表 7-2　道路网络中所有路段流量构成

路段代号	路段流量构成
1	$p1 + p4 + p5 + p8 + p9 + p24$
2	$p11 + p14 + p22 + p31 + p42 + p51$
3	$p2 + p3 + p6 + p7 + p10 + p14$
4	$p12 + p21 + p24 + p32 + p41 + p52$
5	$p2 + p22 + p23 + p31 + p33 + p40 + p44 + p54$
6	$p4 + p5 + p12 + p13 + p15 + p18 + p20 + p58$
7	$p34 + p42 + p43 + p51 + p53 + p58$
8	$p8 + p9 + p16 + p17 + p19 + p40$
9	$p2 + p6 + p22 + p23 + p25 + p28 + p30 + p44 + p47 + p50$
10	$p4 + p12 + p13 + p18 + p32 + p35 + p38 + p46 + p56 + p60$
11	$p16 + p26 + p46 + p48 + p54 + p56 + p57 + p60$
12	$p20 + p28 + p30 + p34 + p36 + p37 + p39 + p50$
13	$p7 + p10 + p18 + p26 + p27 + p29 + p38 + p60$
14	$p36 + p41 + p44 + p45 + p47 + p50 + p52 + p55$
15	$p8 + p17 + p28 + p36 + p37 + p52 + p55 + p59$
16	$p10 + p26 + p29 + p42 + p43 + p46 + p48 + p49$

　　假设对任一 OD 对的出行者而言，根据实际道路网络结构，其路径选择的策略为最多包含 3 个节点（即除了起点和终点外，最多经过一个中间节点）的无环简单路径（Simple Path），如对于 B—E 的出行者而言，其策略集为：8—15，6—10—13。则 B—E 的出行群体使用路段 i（i=8，15，6，10，13）的效用函数如下：

$$u_i = -\gamma \cdot \left[t_{0i} \cdot \left(1 + \frac{q_i}{c_i}\right) \right] - f_{sy} \cdot l_i$$

式中，γ 为出行者的时间价值（元/小时）；t_{0i} 为路段 i 的自由流行驶时间（小时）；q_i 为路段 i 的流量，由各相关 OD 的出行者的人数和路径选择概率组成（辆/小时）；c_i 为路段 i 的通行能力（辆/千米）；f_{sy} 为单位距离小汽车使用成本（元/千米）；l_i 为路段 i 的长度（千米）。

则对于 B—E 的出行者来说，当他们选择 8—15 这一出行路径时，其效用为 u_8+u_{15}。

7.3 模型参数设置

随着我国城市化进程的推进，城市人口的不断膨胀和人们生活水平的提高，人们在出行方式的选择上也有了很大的改变。私人小汽车出行比例的不断增加，占用了大量的资源和成本。其中，私人小汽车的固定使用成本一般包括两个方面的内容：一是不随出行的次数和强度的变化而变化的成本，如提前支付的车险费、路桥通行费等；二是随出行强度和出行里程的变化而变化的成本，如燃油费、轮胎磨损费、车辆保养维修费等。前者可通过调查统计数据计算直接获得，而后者计算相对复杂，主要受道路等级、交通状况等因素的影响。其中，燃油消耗成本会受到汽车发动机的功率、油耗率、城市道路的等级、交通流量及交叉口类型等因素的影响。其中，道路等级和交通流量对油耗的影响是由于道路交通特性发生变化时，汽车发动机的功率和转速会发生变化。汽车油耗在车辆运行成本中占有很高的比例，也是车辆运行成本组成中唯一可通过实验精确测定的项目。因此，油耗研究成为世界各国车辆运行成本研究的中心课题。特别是 20 世纪70 年代以来，许多国家通过大量的实验研究工作提出了多种车辆运行成本预估模型，其中以世界银行利用在巴西的调查数据建立的模型最为典型。该模型综合了集成相关法及微观力学法的优点，以车辆运动力学为基础，采用集成指标表征道路特性，通过野外实验建立具有地区适应性和外延能力的模型。由于模型理论性较强，可依赖较少的实验数据表示模型中的未知参数，便于模型的转换和外延。我国也有许多学者对汽车燃油消耗成本进行了研究，如潘玉利教授等在深入研究和探讨国外主流油耗模型的基础上，通过理论推导和野外实验标定，建立了我国主要车型的油耗预估模型。

在本书中，车主个人负担的私人小汽车使用成本 f_{sy} 主要包括燃油费和汽车折旧费。其中燃油费的计算如下：2021 年 4 月 13 日，江西省 92 号汽油的油价为 6.56 元/升，按照家用小汽车市区百公里油耗 8 升计算，私人小汽车的燃油费为 0.524 8 元/千米。汽车折旧费主要包括购车成本、保险费和保养费 3 部分。其中购车成本按 13 万元计算，总计行驶里程 20 万千米；保险费按 3 000 元一年计算，假设总共行驶 20 年报废，使用期总保费为 6 万元；保养费按每 5 000 千米 400 元计算。由此可得汽车折旧费为 1.03 元/千米。故私人小汽车的使用成本 f_{sy}=燃油费+汽车折旧费=0.524 8 元/千米+1.03 元/千米=1.554 8 元/千米。

时间价值的取值采用 3.4 节的结论，即时间价值取值为 19.62 元/小时。

道路参数设置如表 7-3 所示。

表 7-3　道路网络中所有道路参数设置表

路段	路段类型	路段长度 /km	自由流速度 /（km/h）	自由流时间 /h	通行能力 /（pcu/h）
1	外围道路	6.9	30	0.23	1 600
2	外围道路	6.9	30	0.23	1 600
3	外围道路	7.8	30	0.26	1 600
4	外围道路	7.8	30	0.26	1 600
5	中心道路	6.48	24	0.27	2 400
6	中心道路	6.48	24	0.27	2 400
7	外围道路	7.5	30	0.25	1 600
8	外围道路	7.5	30	0.25	1 600
9	中心道路	6.96	24	0.29	2 400
10	中心道路	6.96	24	0.29	2 400

路段	路段类型	路段长度 /km	自由流速度 /（km/h）	自由流时间 /h	通行能力 /（pcu/h）
11	中心道路	5.76	24	0.24	2 400
12	中心道路	5.76	24	0.24	2 400
13	外围道路	8.1	30	0.27	1 600
14	外围道路	8.1	30	0.27	1 600
15	外围道路	6.6	30	0.22	1 600
16	外围道路	6.6	30	0.22	1 600

7.4 训练样本中 OD 出行矩阵的获取

对于神经元网络反推 OD 而言，其主要步骤可以分为建立网络模型、获取训练样本、筛选训练样本、训练网络、完成反推。关键是训练样本的获取，通过神经元网络反推 OD 矩阵，根据神经元网络预测功能的分析，需要大量的训练样本，才可以实现神经网络的预测功能。而对于神经元网络反推 OD 而言，所需要的大量训练样本可以使用历史年的调查数据，但是即便有大量的历史年数据，其 OD 矩阵的精度也无从验证，因为不管用什么方法，OD 是调查不出来的，每天 OD 都不同，而现有技术根本调查不出来，常用的出行调查调研率选取大多为百分之几，然后根据调查获得的数据进行放大，从而形成整个市域范围的 OD。其整个过程的数据真实度有待商榷，也就意味着所有历史年 OD 数据是不准确的。而且，实际情况是根本没有神经网络所需要的大量历史年数据。

基于以上分析，现实中无法获取足够的训练数据用于神经网络的训练。所以必须拟定 OD 矩阵，通过合理分配得到相应的路段流量，组成训练数据。因此只有拟定 OD 矩阵，才可能获取到足够的训练数据。在拟定 OD 矩阵和分配时要以实际情况为基础，训练样本要能反映实际情况且要根据交通流的密集程度选择合理的分配方式，使分配得到的路段流量与实际相近，不能背离实际，以符合神经元预测功能的基础。

使用神经网络方法进行 OD 分布矩阵的非线性极大似然估计，进行合理估计的第一步就是尽可能简单地训练网络。从这个角度来说，基础性工作包括对数据（OD 分布矩阵和路段流量）进行干扰和标准化。为了获得较好的时间序列拟合模型，需要重点考虑过程稳定性和数据降维这两个问题。这两个问题在道路交通中是相关的，因为流量是动态的，并且路段流量（与路段数量呈正比例关系）的规模非常庞大。过程稳定性与稳定的必要条件相关，或者与过程均值和方差之间的稳定性关系相关。有文献对稳定性进行了定义，但由于需要在时间分布上进行无限的假设，因此实现观察过程的统计稳定性是不切实际的。实际的时间序列的非稳态条件通常取决于可以被识别和移除的确定性成分，典型案例包括线性趋势和周期性（如每天、每周或每年）等。

神经网络学习和建模过程中涉及的第二个问题即维数灾难。神经网络在高维空间里的学习较困难并且容易出错，通常的做法是对数据进行预处理，减少输入和（或者）输出基数。处理交通网络时，流量与网络中的路段数量有关，在复杂的神经网络中，这个路段的数量非常庞大。由于可用样本与路段流量是高度相关的，因此可以利用这种特性来降低输入维度。这样做仅仅会失去少量信息，主成分分析法通过信号方差的形式保存信息来进行降维，成分数量可以直接选择或将其定义为保留了定量方差的成分数量。因此，筛选的核心目的是在大量的虚拟样本中选择与实际路段流量相似度高的样本。

现实中，获取 OD 矩阵的难度很大，而且即便有前期的 OD 矩阵其准确度与实际情况也有很大差异，对于神经网络而言，若需要达到一定的精度，其训练样本越多越好，而实际情况是，很难提供大量的 OD 矩阵用于训练神经网络，因而如何获取大量的 OD 矩阵是进行神经网络训练的关键。既然调查获得的 OD 矩阵与实际的出行情况也有很大差异，那不妨假设 OD

矩阵然后根据现有路网进行交通分配，得到相应训练数据之后，再通过调查相应路段的真实交通量作为检验数据输入神经网络中，从而得到实际的OD矩阵。训练数据的输入和输出有一定的规律，每个数据是相对应的，只有这样才能保证当输入真实交通量的时候得到的是与真实 OD 相对应的数据。本研究基于第 3 章搭建的基于后悔理论的混合博弈模型进行交通分配获得训练样本，一共有 15 组训练数据，具体取值如表 7-4 所示。

表 7-4　训练样本 OD 出行矩阵设置表 1

OD	样本 1	样本 2	样本 3	样本 4	样本 5	样本 6	样本 7	样本 8
A—B	191	159	185	239	590	303	352	330
A—C	303	157	310	348	382	166	297	174
A—D	355	348	372	373	437	412	296	213
A—E	410	282	558	471	194	335	220	282
A—F	454	280	233	280	253	270	401	379
B—A	308	441	318	86	272	302	286	166
B—C	150	329	291	216	409	273	228	67
B—D	225	319	106	435	272	124	435	155
B—E	193	458	256	192	370	271	277	333
B—F	535	219	120	396	94	216	241	339
C—A	238	369	384	312	264	202	270	345
C—B	374	383	211	443	217	184	215	286
C—D	280	275	310	103	142	246	187	318
C—E	388	321	245	280	350	99	552	252
C—F	223	183	330	179	328	396	465	386
D—A	191	159	185	239	590	303	352	330
D—B	303	157	310	348	382	166	297	174
D—C	355	348	372	373	437	412	296	213

OD	样本 1	样本 2	样本 3	样本 4	样本 5	样本 6	样本 7	样本 8
D—E	410	282	558	471	194	335	220	282
D—F	454	280	233	280	253	270	401	379
E—A	308	441	318	86	272	302	286	166
E—B	150	329	291	216	409	273	228	67
E—C	225	319	106	435	272	124	435	155
E—D	193	458	256	192	370	271	277	333
E—F	535	219	120	396	94	216	241	339
F—A	238	369	384	312	264	202	270	345
F—B	374	383	211	443	217	184	215	286
F—C	280	275	310	103	142	246	187	318
F—D	388	321	245	280	350	99	552	252
F—E	223	183	330	179	328	396	465	386

如表 7-4 所示，以上 8 个 OD 训练样本的数值符合期望为 300，标准差为 100 的正态分布，通过 MATLAB 软件的随机数生成器生成可得另 7 个样本的具体数值（见表 7-5）。

表 7-5　训练样本 OD 出行矩阵设置表 2

OD	样本 9	样本 10	样本 11	样本 12	样本 13	样本 14	样本 15
A—B	163	382	246	193	276	332	307
A—C	345	452	468	393	502	408	205
A—D	215	346	212	335	74	400	341
A—E	266	279	251	297	522	234	367
A—F	355	362	228	318	333	325	385
B—A	403	318	182	143	400	205	230

续表

OD	样本 9	样本 10	样本 11	样本 12	样本 13	样本 14	样本 15
B—C	188	197	280	291	133	167	344
B—D	426	394	272	460	240	392	310
B—E	366	330	453	309	272	300	382
B—F	293	313	275	304	342	294	353
C—A	280	351	193	226	132	391	389
C—B	278	326	460	296	347	359	286
C—D	269	205	423	323	178	335	285
C—E	302	283	277	342	306	425	400
C—F	305	285	149	262	365	392	87
D—A	163	382	246	193	276	332	307
D—B	345	452	468	393	502	408	205
D—C	215	346	212	335	74	400	341
D—E	266	279	251	297	522	234	367
D—F	355	362	228	318	333	325	385
E—A	403	318	182	143	400	205	230
E—B	188	197	280	291	133	167	344
E—C	426	394	272	460	240	392	310
E—D	366	330	453	309	272	300	382
E—F	293	313	275	304	342	294	353
F—A	280	351	193	226	132	391	389
F—B	278	326	460	296	347	359	286
F—C	269	205	423	323	178	335	285
F—D	302	283	277	342	306	425	400
F—E	305	285	149	262	365	392	87

7.5　训练样本中路段流量的获取

用已知 OD 出行矩阵来计算路段流量就是交通分配过程，交通分配是交通规划中的一个重要步骤，它是将调查得到的起讫点的出行分布（OD 矩阵）按照现有或规划中的路网分配到各条道路上，从而推测各道路上的交通量。一般的交通分配，OD 矩阵是已知且确定的，不考虑其随时间的变化，因此称为静态交通分配。

静态交通分配的前提条件是：路网拓扑空间结构已知；路网特性、路段旅行时间函数已知；动态的时变交通需求已知；出行者具有交通路网及交通状况的全部信息，而且能够持续做出正确选择；所有出行者的路线选择准则相同；在此前提条件下，交通分配就是求解路网中各路径的交通流量，以对路网性能进行评价。

动态交通分配是在交通供给情况以及交通需求状态已知的条件下，分析其最优的交通流量分布模式，通过一定的控制手段和诱导策略在空间、时间尺度上重新合理配置人们已经产生的需求，从而使交通路网得以高效运行，为交通流管理、动态路线引导等提供依据。因此，动态交通分配的首要前提是对每时每刻产生的出行需求用其分布的准确计算，在确知动态时变交通需求的基础之上，再对其进行正确的分配。由于交通出行的目的性决定了 OD 矩阵在动态交通分配中的重要作用，因此在分配中假定 OD 矩阵是可以获取的已知确定量。除了已知时变交通需求以外，路网结构和动态特性也是必需的。在动态交通分配模型中，出于模型建立和求解的需要，往往假定路段旅行时间和路段流出率是路段流量的函数，还假定路段之中产生车辆发生在路段末端节点，路段之中吸收车辆发生在路段始端节点，这样车辆的吸收与产生只发生在节点处，路段之中不吸收和产生车辆。

根据描述交通流方法的不同，可将动态交通分配模型分为仿真模型和分析模型。仿真模型中，交通流过程用仿真网络的运行来代替，其路段特性，如费用、走行时间等通过计算机模拟的动态网络加载获得。基于分析的动态交通分配模型则是通过数学函数关系来描述路网的动态特性。仿真模型从分析、模拟出行者的出行选择行为出发，便于集成各种控制策略，分析各个控制策略的效用。同时，使用这种方法不必求出各路段特性函数的具体形式，也不必对模型的参数进行辨识，这是其优点所在。但仿真模型分析能力差，不能从模型本身分析其解的收敛性，以及模型的精度和灵敏度。因此基于仿真模型的动态交通分配模型更适于工程应用。分析模型结构严谨、逻辑严密是其优点所在，但是分析模型目前仍然缺乏行之有效的算法。并且由于交通系统本身的复杂性和不确定性使无法用一个简单的数学形式来精确描述网络的所有动态特性。在建立分析模型的过程中，往往对模型本身附加了许多理解化的条件，所以分析模型还停留在理论研究阶段，更适用于学术探讨。

根据描述模型的数学手段的不同，可将动态交通分配模型分为数学规划模型、最优控制模型和变分不等式模型（Variational Inequality，VI 模型）。数学规划模型是在静态交通分配向动态交通分配过渡的过程中产生的，由于受到求解的凸规划条件和动态交通分配的 FIFO（First-in-first-out）规则的限制，不能由单讫点网络扩展到多讫点网络，因此已很少应用。在静态交通分配模型中，用户均衡是一种真正的均衡状态，同时也达到了用户均衡。在静态情形下，用户均衡与用户均衡是统一的，但在动态情形下两者并不能统一，而且均衡本身就是一种静态概念，系统总是在动态运行中趋于均衡，但总无法达到均衡。正是由于趋于均衡的内因，系统才呈现出动态的现象。因此，在动态交通分配中，运用均衡的概念是不准确的，而应该应用最优化的概念，即动态用户均衡。交通流寻求均衡的过程也就是一个最优控制的过程，因此，最优模型近年得到了众多学者的青睐。VI 模型是基于路线选择与网络加载的结合，这两个过程都是基于路线的。对于所有基于路线的模型，在求解的过程中由于涉及路线的枚举过程，因此适应于小型的简易网络，而且由于路线与路段流之间存在多对一的关系，又增加了 VI 模型实用的难度。此外，根据模型是否满足均衡原理，动态交通分配模型分为均衡模型和非均衡模型。

本研究中路段流量的获取，具体采用 3.5 节的混合博弈模型作为目标函数，运用 4.5 节的 GA-SQP 迭代算法进行计算。本研究认为所有出行者都有使自身后悔程度最小的动机，即所有出行者都尽量使自身的选择接近不后悔状态，在具体计算中可以将任一策略集中所选路径效用差（即后悔程度）可接受时的状态视为稳定的均衡状态。因此，任意 OD 自驾出行者 i 选择某一出行路径 1 的后悔度函数如下：

$$R_{i1} = \left| u_1 - \frac{u_1 + u_2}{2} \right|$$

式中，R_{i1} 为出行者 i 选择出行路径 1 的后悔程度。

同理，出行者 i 选择出行路径 2 的后悔度函数如下：

$$R_{i2} = \left| u_2 - \frac{u_1 + u_2}{2} \right|$$

式中，R_{i2} 为出行者 i 选择出行路径 2 的后悔程度。

由此可得，该模型的总体目标函数及约束条件如下：

$$\min R_{sum} = \min \sum_{i=1}^{30} (R_{i1} + R_{i2})$$

$$\text{St.} \ \forall p_i \geqslant 0$$

$$\boldsymbol{aeq} \times \boldsymbol{p} = \boldsymbol{beq}$$

$$\overline{R_{ij}} \leqslant k$$

式中，$\boldsymbol{aeq}$、$\boldsymbol{beq}$ 为等式约束的系数矩阵，某出行端点的各路径选择人数之和等于该出行端点的总出行人数；p_i 为出行路径选择结果代号；R_{ij} 为出行者 i 选择出行路径 j 的后悔程度（元）；k 为可接受后悔程度（元），本书取值为 10 元。

为了验证计算方法的科学性，现以样本 1 的情况为例，运用上述计算方法进行计算，其第一次初始 GA 运算和最后一次迭代中的遗传算法的计算过程如下：

如图 7-2 和图 7-3 所示，遗传算法的参数设置如下：共迭代 200 代，每代种群 100 个，交叉概率（Crossover Fraction）为 0.6，变异概率（Migration Fraction）为 0.2，初始种群（Initial Population）为这次迭代中序列二次规划算法计算的结果。对比图 7-2 和图 7-3 可以看出，通过 SQP 算法迭代以后，最佳适应度值从 7 972.1 下降到了 7 629.5，共下降了 4.30%。因此，在该交通场景中，SQP 算法的运用可以优化 GA 算法的结果，有效避免了 GA 算法的早熟现象。

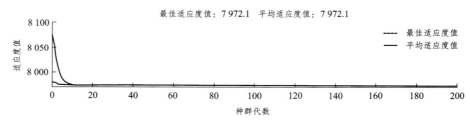

图 7-2　样本 1 初始遗传算法计算过程示意图

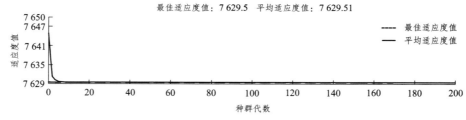

图 7-3　样本 1 最后一次迭代中遗传算法计算过程示意图

如图 7-3 所示，初始种群的平均适应度值较高，大于 7 645。初始种群的最佳适应度值大约等于 7 629.5。然而随着遗传算法的进行，大约在进化到第 8 代种群时，平均适应度值和最佳适应度值都趋近于 7 629.5。此后一直进化到第 200 代处完成计算。通过计算可得此时所有出行者的平均后悔度 average(R_i)=9.582 9 元，可得平均后悔度小于可接受后悔程度 k=10 元。此时，交通出行者的后悔程度最小，且小于可接受后悔度，交通出行者的出行选择行为将不再主动发生改变，整个交通系统达到了稳定的运行状态，计算完成。重复以上计算过程可得其他样本的最终适应度值，如表 7-6 所示。

表 7-6 所有样本的适应度汇总表

样本序号	平均后悔度/元	可接受后悔度值/元
1	9.582 9	
2	9.597 2	
3	9.583 9	
4	9.539 5	
5	9.618 2	
6	9.463 6	
7	9.657 9	
8	9.505 6	10
9	9.564 3	
10	9.611 6	
11	9.573 6	
12	9.621 1	
13	9.567 8	
14	9.714 6	
15	9.591 1	

如表 7-6 所示，所有样本的平均后悔度值均小于可接受后悔程度，可以认为所有样本的交通出行者出行选择行为达到了混合博弈理论中的不后悔状态。所有样本的交通出行者出行选择行为将不再主动发生改变，所有样本的交通系统均达到了稳定的运行状态。

通过对比 4.3 节、5.4 节、6.3 节中的目标函数适应度值可以发现，在多 OD 交通场景中目标函数的适应度值（9.4~9.8 元）远远高于单 OD 场景（几乎为 0 元）。这里的适应度值实质上就是不同选择策略的效用差，该模型的效用主要与出行时间和出行距离有关。其中，出行时间又是出行距离和出行选择结果的函数。多 OD 交通场景目标函数适应度值偏高，意味着在该多 OD 交通场景中不同出行路径的出行效用存在难以逾越的差距。这是因为在该多 OD 交通场景中，每个 OD 出行者可选出行路径的实际出行距离存在很大差异，而且这种差异难以通过出行选择结果进行抵消，也就是说通过出行选择结果来抵消路径距离差异的空间较小，仅仅只能通过调整交通流量对通行时间的影响发挥有限的作用。在而多 OD 场景中，影响路段通行时间的因素并非只和某一个 OD 出行选择结果有关，它是所有相关 OD 出行选择结果共同造成的，这使出行选择结果对路段通行时间的影响也较为有限。而之前搭建的单 OD 交通场景却可以通过该 OD 出行选择的结果来调节路段通行时间、停车需求大小，用以抵消出行距离差异对出行效用的影响。

将所有 15 个训练样本中的 OD 出行矩阵进行计算，可得到这 15 个训练样本的路段流量。所有 15 个样本的具体计算结果如表 7-7 所示。

表 7-7　训练样本中路段流量设置表

路段代号	样本 1	样本 2	样本 3	样本 4	样本 5	样本 6	样本 7	样本 8
1	1 602	1 394	1 432	1 606	1 691	1 432	1 484	1 343
2	1 195	1 620	1 489	939	1 631	1 342	1 420	1 074
3	635	544	728	764	791	511	525	388
4	612	871	602	755	657	426	487	631
5	494	316	495	587	907	469	649	504
6	580	667	478	760	709	536	731	368
7	70	1 403	1 197	1 057	1 051	921	997	864
8	1 410	1 181	1 040	1 187	911	1 020	1 139	1 186
9	280	275	310	151	142	246	222	318
10	355	348	372	373	437	412	296	213
11	581	779	501	472	720	370	829	585
12	864	562	791	751	512	605	656	661
13	793	562	702	611	678	567	982	785

路段代号	样本 1	样本 2	样本 3	样本 4	样本 5	样本 6	样本 7	样本 8
14	505	713	423	538	590	410	624	473
15	1 334	1 422	1 885	1 264	1 228	1 511	1 369	1 454
16	1 409	1 511	1 308	1 069	1 297	1 418	1 460	1 291

路段代号	样本 9	样本 10	样本 11	样本 12	样本 13	样本 14	样本 15	
1	1 276	1 655	1 360	1 424	1 427	1 642	1 542	
2	1 437	1 557	1 083	996	1 300	1 300	1 498	
3	534	690	785	699	760	583	693	
4	558	686	653	522	520	750	678	
5	508	834	714	586	754	740	512	
6	641	740	484	795	314	784	651	
7	1 149	1 183	1 115	956	995	1 122	1 247	
8	1 279	1 244	1 170	1 213	1 344	1 153	1 343	
9	269	205	423	323	178	343	285	
10	215	346	212	335	98	400	341	
11	668	613	730	651	578	725	782	
12	621	641	479	615	855	559	752	
13	608	609	463	619	796	817	631	
14	695	608	695	783	435	727	598	
15	1 471	1 338	1 490	1 473	1 734	1 495	1 344	
16	1 555	1 434	1 339	1 309	1 495	1 358	1 394	

　　理论上，随着 OD 出行总量的增加，路网中的交通流量将有所提高，当路段通行能力固定时，路网服务水平应该随着 OD 出行总量的增加而下降。但路网平均服务水平除了与 OD 出行总量有关外，还与出行路径选择情况有关，当交通出行者的出行选择更为合理时，整个路网的路段平均服

务水平应得到改善。那么路网平均服务水平和 OD 出行总量的相关性如何，变化趋势、变化幅度呈现什么样的规律值得研究分析，根据表 7-4、表 7-5 和表 7-7，可以得到不同训练样本中路网平均服务水平（VC 比）和 OD 出行总量的关系图，具体如图 7-4 所示。

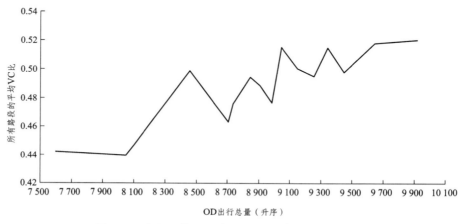

图 7-4　路段平均服务水平与 OD 出行总量关系图

如图 7-4 所示，路段平均拥堵程度总体上随着 OD 出行总量的增加而增加，当 OD 出行总量提高以后，整个交通系统的出行需求随之提高，路网中行驶的机动车总体数量必然增加，但是交通出行总需求的增加并不能造成交通拥堵程度的必然增加。对比 OD 出行总量等于 8 458 和 8 706 时的平均服务水平，前者对应的平均 VC 比为 0.498 9，后者对应的平均 VC 比为 0.463 0，意味着该路段拥堵程度并未随出行需求的增加而增加。这是因为交通拥堵并不一定是出行总需求的增加造成的，更可能是交通供给和需求在时间、空间上的分布不平衡造成的，也就是说由于 OD 分布的不均衡和出行者出行选择的随机性，某些场景下 OD 总量的增加并未带来路段平均拥堵水平的整体恶化，反而使出行者出行选择更加合理和 OD 分布更加均衡，使交通拥堵水平得到改善。

7.6 BP 神经网络模型构建

本书基于 BP（Back Propagation）神经网络进行 OD 矩阵反推的计算，BP 神经网络是 1986 年由 Rumelhart 和 McClelland 为首的科学家提出的概念，是一种按照误差逆向传播算法训练的多层前馈神经网络，是应用得最广泛的神经网络。基本 BP 算法包括信号的前向传播和误差的反向传播两个过程。即计算误差输出时按从输入到输出的方向进行，而调整权值和阈值则从输出到输入的方向进行。正向传播时，输入信号通过隐含层作用于输出节点，经过非线性变换，产生输出信号，若实际输出与期望输出不相符，则转入误差的反向传播过程。误差反传是将输出误差通过隐含层向输入层逐层反传，并将误差分摊给各层所有单元，以从各层获得的误差信号作为调整各单元权值的依据。通过调整输入节点与隐层节点的联接强度和隐层节点与输出节点的联接强度以及阈值，使误差沿梯度方向下降，经过反复学习训练，确定与最小误差相对应的网络参数（权值和阈值），训练即告停止。此时经过训练的神经网络即能对类似样本的输入信息，自行处理输出误差最小的经过非线性转换的信息。BP 网络是在输入层与输出层之间增加若干层（一层或多层）神经元，这些神经元称为隐单元，它们与外界没有直接联系，但其状态的改变，则能影响输入与输出之间的关系，每一层可以有若干个节点。

BP 神经网络的计算过程由正向计算过程和反向计算过程组成（见图 7-5）。正向传播过程，输入模式从输入层经隐单元层逐层处理，并转向输出层，每一层神经元的状态只影响下一层神经元的状态。如果在输出层不能得到期望的输出，则转入反向传播，将误差信号沿原来的连接通路返回，通过修改各神经元的权值，使误差信号最小。

在该交通模型中，其输入层应为实际工程中能获取流量的路段条数，由于所搭建的 OD 场景较小，故选取总路段的 100%作为反推的样本路段。对于神经网络而言，其输入层的数据越多，其反推的精度就越高，路段 ID

的顺序应和训练样本路段 ID 顺序保持一致；输出层应为实际工程所划分的
交通小区数量的平方，在不考虑内部交通情况下交通小区数量为 $n(n-1)$，
输出层的 OD 的顺序应和训练样本的 OD 顺序保持一致；对于隐含层的层
数，这里根据实际情况与收敛速度及隐含层神经元的收敛范围，将隐含层
的层数设定为两层，隐含层节点数为 128。

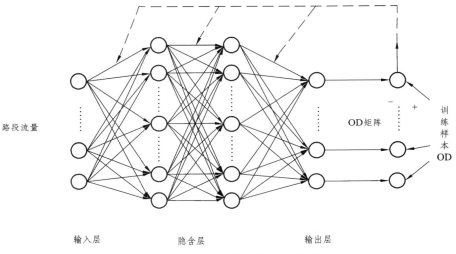

图 7-5　BP 神经网络反推 OD 模型图

转换函数选择 S 函数，学习速率的选择一般为 0.01 ~ 0.8，具体可根据
神经网络的规模设定，因为本模型规模一般，因而本模型的学习速率设定
为 0.01；最后一项是期望误差的取值范围，对于 OD 反推来说，反推的精
度越高越好，但随着反推精度的提高，网络结构越复杂，所需要的训练样
本就越多，因而需要选取一个合理的误差范围，本研究将误差的选取范围
设定为 15%。

具体计算中构建了包含 5 个隐含层、50 个神经元节点的 BP 神经网络
（Feed-forward Backprop Neural Network）模型。将 15 个样本中的路段流量
作为输入值，相关 OD 出行矩阵作为目标值输入 MATLAB 神经网络模型进
行计算，具体计算过程如图 7-6 所示。

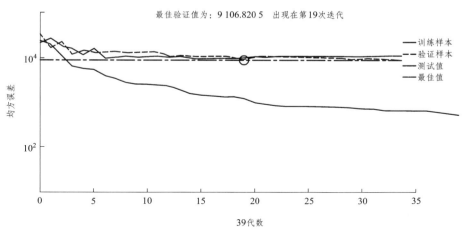

图 7-6 BP 神经网络训练过程示意图

BP 神经网络训练相关参数设置如下：最大训练次数 10 000 次；训练目标值：0；最多验证失败次数：20 次；最小训练梯度：1e-10。如图 7-6 所示，整个训练过程经过 39 次迭代后满足收敛条件完成计算，验证样本的最佳均方差值为 9 106.820 5，出现在第 19 次迭代过程中。训练样本、验证样本和测试样本由系统随机进行选择，在该次计算中，训练样本的均方差值最低，在 1 000 左右，验证样本和测试样本的均方差值较为接近，在 10 000 附近波动。

如图 7-7 所示，训练样本的 Target 值和神经网络输出值的线性回归 R 值较高，等于 0.834 68；验证样本的相关线性回归 R 值偏低，等于 0.697 08；测试样本的相关线性回归 R 值最高，等于 0.917 14。而所有样本（All）的 Target 值和神经网络输出值高度拟合，线性回归 R 值等于 0.826 35，神经网络输出值（Output 值）和 Target 值的线性回归公式如下：

$$y = 0.86x + 43$$

式中，x 为 Target 值，即混合博弈模型中的 OD 出行矩阵；y 为运用训练好的神经网络计算出来的 OD 出行矩阵，Output 值。

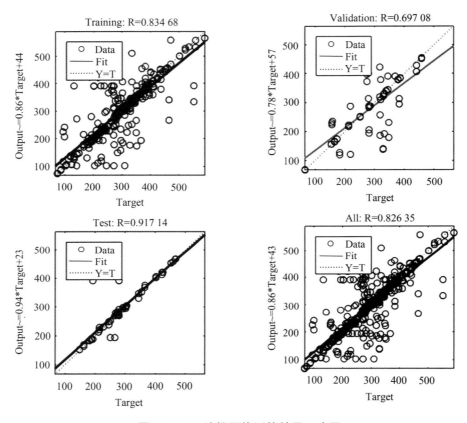

图 7-7　BP 神经网络训练结果示意图

　　神经网络模型的训练过程实质上是通过输入的路段值（由混合博弈模型计算得出）和对应 OD 出行矩阵值对神经元之间的权重系数进行标定的过程，而神经网络输出值（Output 值）为 MATLAB 软件将训练样本中的路段流量作为输入值，运用训练完成的神经网络重新计算出来的 OD 出行矩阵。因此，通过观测所有样本（All）的 Target 值和神经网络 Output 值的线性拟合情况，可以在一定程度上反映神经网络的计算精度。此外，为了验证训练完成的神经网络模型对"未来"交通场景系统运行状态的计算精度，另计算 8 组未来年的出行 OD 矩阵和路段流量用以验证所搭建神经网络模型的精度。这 8 组数据中的 OD 矩阵采用正态随机分布生成，相关路段流量采用 3.5 节的混合博弈模型作为目标函数和 4.5 节的 GA-SQP 迭代算法进行计算。

7.7 目标年交通场景系统运行情况

假设 7.2 节所搭建的交通场景中各交通出行端点的 OD 出行量服从某正态分布，而且该交通场景的交通出行量年均增长速度为 4%，则参考 7.4 节可得到 15 年后（目标年）的 OD 出行矩阵将服从符合期望为 540，标准差为 100 的正态分布。通过 MATLAB 软件的随机数生成器生成可得到目标年 8 组出行 OD 矩阵的具体数值，如表 7-8 所示。

表 7-8　目标年 OD 出行矩阵取值表

OD	样本 1	样本 2	样本 3	样本 4	样本 5	样本 6	样本 7	样本 8
A—B	470	549	693	654	391	600	533	578
A—C	572	607	510	559	536	483	584	277
A—D	436	478	463	426	480	445	521	503
A—E	471	438	672	583	633	402	643	432
A—F	672	517	484	440	476	402	383	587
B—A	505	362	540	560	620	608	776	543
B—C	585	590	612	784	463	503	512	386
B—D	491	436	569	496	647	601	416	530
B—E	385	384	476	560	577	661	425	517
B—F	492	545	329	654	421	513	535	592
C—A	483	587	461	438	424	612	670	477
C—B	560	516	608	665	545	829	445	405
C—D	489	593	647	499	342	506	581	532
C—E	641	615	564	623	631	584	457	590
C—F	334	608	632	486	687	509	635	576

OD	样本 1	样本 2	样本 3	样本 4	样本 5	样本 6	样本 7	样本 8
D—A	578	519	572	713	606	651	484	606
D—B	486	566	685	659	425	499	460	446
D—C	636	484	689	471	564	498	757	454
D—E	546	690	481	722	763	606	567	473
D—F	703	468	542	512	665	537	670	601
E—A	499	424	600	620	594	471	635	568
E—B	508	477	668	557	627	323	561	575
E—C	587	470	554	539	674	399	675	641
E—D	645	412	488	743	559	485	528	607
E—F	419	412	537	386	529	618	594	522
F—A	274	712	406	388	513	609	384	556
F—B	520	546	486	621	556	594	417	762
F—C	564	447	454	323	516	642	616	684
F—D	692	646	558	622	463	520	504	495
F—E	513	444	515	670	447	578	498	353

分别将每一组目标年 OD 出行矩阵作为 7.5 节中目标函数的等式右边约束系数矩阵（即 *beq* 矩阵，使某出行端点的各路径选择人数之和等于该出行端点的总出行人数）计算，即可得到由混合博弈模型计算出来的目标年路段流量，计算结果如表 7-9 所示。

表 7-9　混合博弈模型计算的目标年路段流量表

路段代号	样本 1	样本 2	样本 3	样本 4	样本 5	样本 6	样本 7	样本 8
1	2 343	2 344	2 637	2 455	2 231	2 337	2 279	2 181
2	2 268	2 312	2 358	2 562	2 369	2 618	2 491	2 260
3	1 422	1 352	1 405	1 656	1 293	1 327	1 342	987

续表

路段代号	样本 1	样本 2	样本 3	样本 4	样本 5	样本 6	样本 7	样本 8
4	1 216	1 398	1 441	1 606	1 396	1 665	1 415	1 281
5	1 064	1 085	1 257	1 349	1 031	1 150	944	1 052
6	927	914	1 032	922	1 127	1 046	937	1 033
7	1 628	1 864	1 788	1 706	1 863	1 773	1 697	2 062
8	1 755	1 730	1 678	1 924	1 813	1 637	1 740	1 804
9	489	593	729	501	470	506	605	590
10	636	484	689	541	719	558	818	506
11	1 337	1 058	1 046	1 412	1 177	1 065	1 093	1 154
12	1 249	1 158	1 105	1 236	1 556	1 143	1 261	1 132
13	1 240	1 378	1 397	1 420	1 484	1 434	1 314	1 432
14	1 324	1 212	1 380	1 295	1 462	1 205	1 530	1 673
15	2 214	2 249	2 315	2 498	2 487	2 488	2 442	2 083
16	2 232	2 038	2 472	2 310	2 442	2 182	2 630	2 391

由此可得，通过混合博弈模型计算出来的目标年所有样本的路段流量，为验证计算结果是否满足系统均衡条件，以目标年样本 1 为例，将目标年样本 1 最后一次遗传算法迭代过程表述如下：

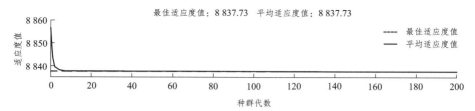

图 7-8　目标年样本 1 最后一次迭代中遗传算法计算过程示意图

如图 7-8 所示，目标年样本 1 初始种群的平均适应度值较高，大于 8 856。初始种群的最佳适应度值大约等于 8 838。然而随着遗传算法的进行，大约在进化到第 7 代种群时，平均适应度值和最佳适应度值都趋近于 8 837.73。

此后一直进化到第 200 代处完成计算。通过计算可得此时所有出行者的平均后悔度 average（R_{ij}）=9.390 6（元），可得平均后悔度小于可接受后悔程度 k=10（元）。此时，交通出行者的后悔程度最小，且小于可接受后悔度，交通出行者的出行选择行为将不再主动发生改变，整个交通系统达到了稳定的运行状态，计算完成。重复以上计算过程可得其他样本的最终适应度值，如表 7-10 所示。

表 7-10　目标年所有样本的适应度汇总表

样本序号	平均后悔度/元	可接受后悔度值/元
1	9.390 6	
2	9.360 8	
3	9.537 3	
4	9.548 9	
5	9.561 7	10
6	9.454 7	
7	9.537 2	
8	9.482 8	

如表 7-10 所示，所有样本的平均后悔度值均小于可接受后悔程度，可以认为所有样本的交通出行者出行选择行为达到了混合博弈理论中的不后悔状态，所有样本的交通出行者出行选择行为将不再主动发生改变，所有样本的交通系统均达到了稳定的运行状态。为验证所搭建神经网络模型的精度，现将混合博弈模型计算的目标年路段流量作为输入端，运用神经网络模型进行 OD 反推计算，结果如表 7-11 所示。

表 7-11　神经网络模型反推出的目标年 OD 出行矩阵

OD	样本 1	样本 2	样本 3	样本 4	样本 5	样本 6	样本 7	样本 8
A—B	389	546	589	528	408	570	583	559
A—C	502	502	502	502	502	502	602	302

OD	样本 1	样本 2	样本 3	样本 4	样本 5	样本 6	样本 7	样本 8
A—D	477	471	474	477	485	497	465	473
A—E	494	521	493	527	505	431	492	518
A—F	653	452	453	453	454	453	454	454
B—A	423	439	440	429	436	438	740	438
B—C	529	633	618	540	446	617	534	378
B—D	456	451	455	459	460	459	456	458
B—E	457	457	458	458	411	558	457	453
B—F	436	524	291	643	334	494	392	421
C—A	376	588	390	390	383	590	589	377
C—B	522	601	587	603	591	602	487	390
C—D	400	552	610	346	263	463	416	412
C—E	632	447	547	600	591	534	318	425
C—F	395	504	510	415	506	423	507	443
D—A	600	584	587	623	560	590	563	563
D—B	498	500	499	502	466	501	477	450
D—C	574	497	544	562	487	512	674	503
D—E	489	505	426	751	711	477	478	482
D—F	731	434	431	422	638	422	622	435
E—A	405	425	436	432	572	435	434	430
E—B	377	397	687	561	573	396	523	552
E—C	561	522	540	556	510	351	549	555
E—D	628	485	603	627	605	633	557	602
E—F	381	444	546	361	404	648	539	382
F—A	291	691	391	391	391	591	391	391
F—B	442	438	450	458	440	450	438	728

续表

OD	样本1	样本2	样本3	样本4	样本5	样本6	样本7	样本8
F—C	577	529	545	363	596	505	536	523
F—D	545	547	551	548	541	551	544	544
F—E	365	355	425	701	443	409	453	447

误差分析计算公式如下：

$$y_{wc} = \frac{\left|OD_2 - OD_1\right|}{OD_1}$$

式中，OD_2 为神经网络模型反推 OD 出行矩阵中的具体计算数值；OD_1 为混合博弈模型所用目标年 OD 出行矩阵的具体数值；y_{wc} 为误差值。

对比表 7-8 目标年 OD 出行矩阵取值表和表 7-11 神经网络模型反推出的目标年 OD 出行矩阵，运用误差分析计算公式可以得出各样本的 OD 矩阵计算误差，如表 7-12 所示。

表 7-12　目标年 OD 反推误差分析

OD	样本1	样本2	样本3	样本4	样本5	样本6	样本7	样本8
A—B	17.23%	0.55%	15.01%	19.27%	4.35%	5.00%	9.38%	3.29%
A—C	12.24%	17.30%	1.57%	10.20%	6.34%	3.93%	3.08%	9.03%
A—D	9.40%	1.46%	2.38%	11.97%	1.04%	11.69%	10.75%	5.96%
A—E	4.88%	18.95%	26.64%	9.61%	20.22%	7.21%	23.48%	19.91%
A—F	2.83%	12.57%	6.40%	2.95%	4.62%	12.69%	18.54%	22.66%
B—A	16.24%	21.27%	18.52%	23.39%	29.68%	27.96%	4.64%	19.34%
B—C	9.57%	7.29%	0.98%	31.12%	3.67%	22.66%	4.30%	2.07%
B—D	7.13%	3.44%	20.04%	7.46%	28.90%	23.63%	9.62%	13.58%
B—E	18.70%	19.01%	3.78%	18.21%	28.77%	15.58%	7.53%	12.38%
B—F	11.38%	3.85%	11.55%	1.68%	20.67%	3.70%	26.73%	28.89%
C—A	22.15%	0.17%	15.40%	10.96%	9.67%	3.59%	12.09%	20.96%

OD	样本 1	样本 2	样本 3	样本 4	样本 5	样本 6	样本 7	样本 8
C—B	6.79%	16.47%	3.45%	9.32%	8.44%	27.38%	9.44%	3.70%
C—D	18.20%	6.91%	5.72%	30.66%	23.10%	8.50%	28.40%	22.56%
C—E	1.40%	27.32%	3.01%	3.69%	6.34%	8.56%	30.42%	27.97%
C—F	18.26%	17.11%	19.30%	14.61%	26.35%	16.90%	20.16%	23.09%
D—A	3.81%	12.52%	2.62%	12.62%	7.59%	9.37%	16.32%	7.10%
D—B	2.47%	11.66%	27.15%	23.82%	9.65%	0.40%	3.70%	0.90%
D—C	9.75%	2.69%	21.04%	19.32%	13.65%	2.81%	10.96%	10.79%
D—E	10.44%	26.81%	11.43%	4.02%	6.82%	21.29%	15.70%	1.90%
D—F	3.98%	7.26%	20.48%	17.58%	4.06%	21.42%	7.16%	27.62%
E—A	18.84%	0.24%	27.33%	30.32%	3.70%	7.64%	31.65%	24.30%
E—B	25.79%	16.77%	2.84%	0.72%	8.61%	22.60%	6.77%	4.00%
E—C	4.43%	11.06%	2.53%	3.15%	24.33%	12.03%	18.67%	13.42%
E—D	2.64%	17.72%	23.57%	15.61%	8.23%	30.52%	5.49%	0.82%
E—F	9.07%	7.77%	1.68%	6.48%	23.63%	4.85%	9.26%	26.82%
F—A	6.20%	2.95%	3.69%	0.77%	23.78%	2.96%	1.82%	29.68%
F—B	15.00%	19.78%	7.41%	26.25%	20.86%	24.24%	5.04%	4.46%
F—C	2.30%	18.34%	20.04%	12.38%	15.50%	21.34%	12.99%	23.54%
F—D	21.24%	15.33%	1.25%	11.90%	16.85%	5.96%	7.94%	9.90%
F—E	28.85%	20.05%	17.48%	4.63%	0.89%	29.24%	9.04%	26.63%
平均值	11.37%	12.15%	11.48%	13.16%	13.68%	13.86%	12.70%	14.91%

如表 7-12 所示，误差最大值为 31.65%，误差最小值为 0.17%，所有误差值的标准差为 8.86%，即 68%的 OD 出行量计算误差值位于 8.86%以内，95%的 OD 出行量计算误差值位于 17.72%以内。各样本平均误差最大值为 14.91%，平均误差最小值为 11.37%，所有 OD 出行量的误差平均值为

12.91%，小于误差范围 15%，认为神经网络模型符合精度要求。

7.8 结　论

为了克服传统 OD 反推技术的局限性，准确地表达出路段流量与 OD 之间的内在联系，本研究通过构建 BP 神经网络模型进行 OD 反推计算。

首先搭建了一个包含 6 个出行端点和 16 条有向线段的交通网络，且任意两个出行端点都产生交通出行，使共有 30 对 OD 出行组成该交通网络的出行 OD 矩阵；然后假设了 15 个 OD 出行矩阵作为训练样本，并将通过 3.3 节所搭建的混合博弈模型计算得出对应的路段流量作为训练样本；然后设置了包含 5 个隐含层、50 个神经元节点的 BP 神经网络模型，并将 15 个样本中的路段流量作为输入值，相关 OD 出行矩阵作为目标值输入神经网络模型，并通过 MATLAB 软件进行计算，计算发现所有样本的目标值和神经网络输出值高度拟合，线性回归 R 值约等于 0.83；最后为了验证训练完成的神经网络模型对"未来"交通场景系统运行状态的计算精度，另计算 8 组未来年的出行 OD 矩阵和路段流量用以验证所搭建神经网络模型的精度，计算发现所有 OD 出行量的误差平均值为 12.91%，小于误差范围 15%，认为神经网络模型符合精度要求。

PART EIGHT

第 8 章

我国中小城市商业中心差异化停车收费实施效果研究

8.1 交通场景

为研究我国中小城市商业中心差异化停车收费实施效果，现以江西省丰城市为例进行建模。丰城，江西省县级市，位于江西省中部、赣江中下游，鄱阳湖盆地南端，介于东经 115°25′～116°27′，北纬 27°42′～28°27′。东临抚州临川区、南昌进贤县，南临抚州崇仁县、乐安县、吉安新干县，西接宜春樟树市、高安市，北连南昌新建区、南昌县，距南昌 60 千米、南昌昌北机场 70 千米。境内以平原地形为主，占总面积的 88.5%，整个地势由西南向东北逐渐倾斜。丰城总面积 2 845 平方千米，辖 5 个街道、20 个镇、7 个乡，86 个社区，469 个村，户籍人口 148 万。浙赣铁路、京九铁路、沪昆高速、赣粤高速、105 国道、赣江黄金水道、南昌至宁都加密高速公路穿境而过，昌吉赣城际客专、东昌高速公路即将启动，丰厚一级公路直通南昌外环。丰城是江西重要的能源城市，有国家大型统配煤矿丰城矿务局和江南最大的火力发电厂丰城发电厂。2020 年，丰城市地区生产总值（GDP）完成 535.2 亿元，财政收入完成 70 亿元。2019 年，全市社会消费品零售总额 134.72 亿元，同比增长 11.6%。按城乡分，城镇消费品零售额 102.59 亿元，同比增长 11.2%。其中，城区 47.96 亿元，同比增长 14.5%；乡村消费品零售额 32.13 亿元，同比增长 13.6%。按行业划分，批发业完成 17.74 亿元，同比增长 10.2%；零售业完成 87.61 亿元，同比增长 11.6%；住宿和餐饮业完成 29.38 亿元，同比增长 13.9%。江西省丰城市作为全国经济百强县（在第十五届全国"县域经济与县域基本竞争力百强县"上排名全国第 78 位），城市建成区面积已达 54.5 平方千米，城区人口约 66.88 万，私家车保有量约 10 万辆，市区居民自驾车交通出行需求较大。

2013 年以来，丰城市新建了喜盈门范城、龙润城市广场这 2 个大型商业体。其中，丰城喜盈门范城由江西丰跃集团斥 12 亿巨资兴建（见图 8-1）。项目地处城市核心地段，龙光中大道市政府正对面，东起烟草公司西至售楼中心全长约 256 米，南起电信大楼北至售楼中心全长约 150 多米，占地面积 62 亩约 4 万平方米，容积率 5.0，总建筑面积约 23.5 万平方米，属于丰城商业密集区，商业氛围最繁荣的地段。项目整体由百米地标甲级写字楼，星级酒店及酒店式公寓和超级购物中心组成。融汇室内环形名品步行街、大型主题卖场、潮流小商品服装城、知名大型生活超市、中西美食城、摩登 3D 影院、真冰溜冰场、量贩式 KTV、空中游泳池、贵宾健身房等多

图 8-1　江西省丰城市喜盈门范城购物广场

元复合而成，拥有江西首例立体停车设计，并以丰城首创无死角室内环形步行街形成循环消费，更配备现代中央空调恒温新风系统、智能化管理交流平台、近百部电梯配比及约 1100 席的大型立体停车场，室内采用中央空调及广播背景音乐系统，为消费者创造了舒适的购物环境。

地下二层为大型停车场。地下一层为超市卖场（近 20 000 平方米）、生活配套。一层为大型百货仕女馆（化妆品、珠宝、皮鞋皮具、女装）、超市卖场入口、西式快餐（KFC）、时尚名店女人街、奥特莱斯名品折扣城、五星级酒店、公寓楼、办公楼大堂入口。二层为大型百货绅士馆（商务男装、男正装、休闲男装、男精品）、家电城、数码城、运动名品城、咖啡店、时尚名店、立体停车位。三层为大型百货亲子馆（童装、童车、童床、童玩、童鞋、儿童超市、床上用品、家饰品）儿童主题乐园、早教、培训、美食餐饮、KTV、家居生活馆、美发、美容 SPA、时尚名店、立体停车位。四层为美食广场、电玩娱乐城、家具城、网吧、台球、KTV、静吧、餐饮。五层为电影院、真冰场、主题餐厅、婚纱摄影。六层为运动健身馆、电影院、大型酒店（宴会厅）、足浴休闲会所。

喜盈门范城定位"丰城首个集吃、喝、玩、乐、购、文化为一体的体验式商业项目"，全功能都市生活中心，涵盖国际名店、百货、超市、电器城、美食城、国际院线、文化艺术等业态，集购物、娱乐、餐饮、艺术、商务、休闲、观光、旅游等八大功能于一体的超大型大都会时尚购物中心。

2013 年 5 月 18 日，丰城首家一站式城市综合体——龙润城市广场开工奠基（见图 8-2）。该项目总投资 50 亿元，总占地 240 亩约 16 万平方米，总建筑面积达 46 万平方米。龙润城市广场由香港五洲国际集团投资，丰城市中业置业有限公司开发。项目位于丰城市商贸物流新城核心位置，龙光大道与物华路交会处。项目开发采取"先招商，后买楼"的方式进行，将打造成丰城首家集商业、办公、居住、酒店、购物、餐饮、休闲、娱乐聚为一体的城市综合体和一站式超级消费购物中心。该项目共分 A、B 两大区块，A 区为核心商业区，由龙润风情商业街、龙润百货、龙润中心三大

组团构成，占地 120 亩约 8 万平方米，建筑面积 23 万平方米；B 区为休闲
商住区，占地 120 亩约 8 万平方米，由百盛购物中心、龙润生活步行街、
龙润花园和五星级酒店构成。目前已有横店影城、华润万家超市、肯德基、
德克士等百余家品牌商家协议入驻龙润城市广场。

图 8-2　江西省丰城市龙润城市广场

随着这两个大型商业中心的建成，丰城市形成了以喜盈门范城和龙润
城市广场的新城区商业中心，以华润万家和沃尔玛为中心的老城区商业中
心。新老城区商业中心共同构成了当下丰城市城市居民的新购物出行集散
地。与此同时，随着经济的不断发展，城市居民收入水平的不断提高，城
市居民私家车保有量与日俱增。

据统计，2019 年丰城市的汽车保有量约为 9.17 万辆。目前，丰城中心
城区城市建成区面积达 48.5 平方千米，市区常住人口 44 万人，大约 23%
的城区居民拥有私家车。截至 2018 年年底，全国汽车保有量达 2.4 亿辆，
比 2017 年增加 2 285 万辆，增长 10.51%。从车辆类型看，小型载客汽车保
有量达 2.01 亿辆，首次突破 2 亿辆，比 2017 年增加 2 085 万辆，增长 11.56%，

是汽车保有量增长的主要组成部分；私家车（私人小微型载客汽车）持续快速增长，2018 年保有量达 1.89 亿辆（私家车保有率大约 13.5%），近 5 年年均增长 1 952 万辆。尤其是与国外发达国家相比（2019 年美国千人拥有车数量 837 辆、澳大利亚千人拥有车数量 747 辆、意大利 695 辆、加拿大 670 辆和日本 591 辆），我国的机动车保有率还有很大提升空间。可以看出，丰城市市区城市居民的私家车保有率远超全国平均水平，而从全国私家车保有量的发展趋势看，未来丰城市市区城市居民的私家车保有率还将有一段高速增长的时期。

丰城于 2011 年前后完成新城区建设。随着新城区的不断发展，目前新老城区区划明显，分别位于市区西南和东北部，由剑邑大道和龙光大道衔接。新老城区的路网结构及交通出行走向也各具特征。新城区道路车道数多为四车道以上的主干路及快速路，交通出行的集聚性很强。老城区道路较窄，支路多，交通出行较分散。丰城市具有我国中小城市的典型特点，故以丰城市为例进行研究。以丰城市实际路网构建的交通场景如图 8-3 所示。

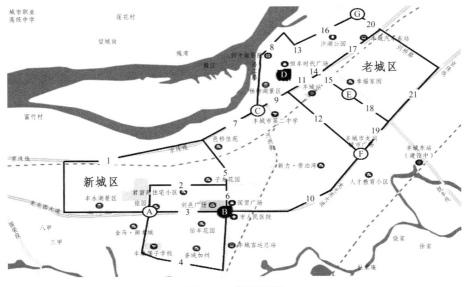

图 8-3　交通场景

该场景共包含 21 个路段，7 个出行端点。

2001 年 6 月，新城区开始启动建设一期工程，截至 2010 年年底，已基本完成一、二期 11.7 平方千米的建设。2011 年又对丰洛铁路以东城市经济商贸物流园区即龙泉新区进行了规划，并完成控制性规划的编制，通过修编，商贸物流园区面积达 15 平方千米。到目前为止，新城区建设规模已达 28 平方千米，投资规模超 170 亿元，实际完成投资达 110 亿元，人口达 7 万人。

总长 11 千米，宽 100 米的龙光大道和全长 2.96 千米、宽 80 米的紫云大道，分别成为两条横贯新城区东西和南北的主要城市景观道路。剑邑广场，占地 176 亩约 11.7 万平方米，成为丰城市一个开放大气的城市客厅。近百个市直部门（单位）相继搬迁到新城区办公。30 多个内外商投资开发项目快速推进，投资 2.6 亿元的丰城中学、投资 3 亿元的人民医院、投资 5 亿元的新城金中环小区、投资 2.6 亿元的国贸广场、投资 1 亿元的新世纪家园等项目先后建成，有效地聚集和提升了新城区的人气、商气。一批文化项目推进迅速，投资 6 亿元的丰水湖文化公园，内有和合塔、文昌阁、心广堂等标志性建筑。投资 3 500 万元的和合塔，高 130 米，属全国独树一帜的古式高塔；投资 3.2 亿元的玉龙河改造工程，是一条横贯新城区东、西的城市景观带，共分 5 个区段（郊野风情段、文化展示段、商业娱乐段、社区休闲段、湿地风情段），其中在湿地风情段建有一个占地 33.33 万平方米的湿地公园。该公园一期工程基本建成，二期工程正在规划设计当中。改造后的玉龙河不但是新城区最长的一条景观长廊，同时也是新城区最长的一条文化长廊，它的建成将进一步激活城市的水系，增添城市的灵气和文气。几大文化项目，充分挖掘和展示了丰城深厚的剑文化、水文化、瓷文化、书院文化和古建筑文化，彰显城市文化特色与魅力。同时，随着投资 1.6 亿元的洪洲大酒店、投资 3.5 亿元的希尔顿时尚广场、投资 7 亿元的人才教育小区、投资 50 亿元的欧亚达商业新城、投资 10 亿元的香港五洲城市综合体、投资 30 亿元的盛世同创食品物流综合体、投资 20 亿元的临沂豪德专业综合体等项目的强势带动，洪客隆、大润发、宜万佳、金中环商业中心、商业步行街等商业店铺的营业，餐饮宾馆、休闲娱乐、城市旅游、文化体育、现代服务等城市经济的不断发展和繁荣，以及丰城市近来全力打造和加快对接融入环鄱阳湖生态经济区的新机遇，新城区必将成为丰城市对外开放的一张亮丽名片，一个宜居宜业，充满活力，"开放大气、和谐秀美"的现代化中等城市。

在本交通场景中，新城区位于市区西南部，具有路段1、路段2、路段3、路段4、路段5、路段6共6条主要干道。交通出行端点A为"三千套"、金马御龙城一带的居民小区。端点B为以粤客隆、喜盈门范城和乐卖特为代表的新城区商业中心。其中，粤客隆（丰城店）位于丰城市新城区商业行政中心，粤客隆正门有丰城最大面积（120 000平方米）的"剑邑文化健身广场"，正门左侧丰城市人民政府，商场总面积38 000多平方米，有负一、一、二、三、四共5层，负一层为商业配套地下停车场；一层规划国际品牌餐饮、品牌电器、黄金珠宝、品牌化妆品、品牌服装、箱包皮具、钟表眼镜、儿童乐园等项目；二、三层规划大型百货超市；四层规划澳门豆捞、品牌咖啡厅、美容健身、休闲配套等项目。每层的经营面积约7 500平方米，负一层停车场及周边停车位可停放小车千余辆。粤客隆购物广场（丰城店）将是目前丰城市规模最大、功能最全、购物环境最好的集购物、休闲、餐饮、娱乐、商务等于一体的一站式现代化大型综合性时尚购物中心。

老城区主要为剑光街道所属地域。剑光街道是江西省丰城市下辖的一个街道，位于丰城市城区中心，是全市经济文化中心，辖区面积3.8平方千米，下辖16个社区，有常住居民67 587人（2010年）。街道办事处机关位于丰城市解放北路16号，因丰城原县治有所谓紫气上冲斗牛星座之说而得名。1941年由丰一镇、丰二镇合并为剑光镇，建国初期为城关区，1954年改城关镇，后改新城公社，1966年改丰城镇，1984年复称剑光镇，1992年11月撤镇设街道办事处。

近年来，街道紧紧围绕"发展经济、服务城区、维护稳定、构建和谐"

的工作思路，解放思想，团结拼搏，务实创新，经济建设和社会各项事业蓬勃发展。商贸巨头沃尔玛、广村食品、剑丰门业、赣州银行、恒天实业氨基酸项目、丰城恒隆包装有限公司、隍城星星煤炭有限公司剑光分公司、江西宏源工矿物资有限公司、武林运输等外资企业和总部经济相继落户。城市品位持续提升，丰邑中央、赣江学府、丰城天下、兰丰置业等花园式住宅小区错落有致，辖区街巷沟通、路平、灯亮；恒丰时代广场、剑邑公园、杨柳湖景区、滨江公园、富佳文化广场、金马步行街、洪客隆超市等，吸引广大居民前来休闲、购物、娱乐；社区建设日益完善，低保、医疗救助、帮扶再就业等各项服务推陈出新；教育、卫生、劳动就业等社会各项事业蓬勃发展。

老城区位于市区东北部，具有路段 8、路段 9、路段 11、路段 12、路段 13、路段 14、路段 15、路段 16、路段 17、路段 18、路段 19、路段 20 和路段 21 共 13 条主要干道。交通出行端点 C、E、F、G 分别为"杨柳湖""幸福家园""五千套""沙湖公园"一带的居民小区。端点 D 为以龙润城市广场、沃尔玛、华润万家为代表的老城区商业中心。路段 7（剑邑大道）、路段 10（龙光东大道）为新老城区衔接路段。各路段属性如表 8-1 所示。

表 8-1　路段属性

代号	路段名	双向车道数	距离/km	背景时间/h	通行能力/（veh/h）
1	龙光西大道+京珠线	6 车道	8.5	0.14	4 800
2	玉华山北路+府佑路	4 车道	2.2	0.06	3 200
3	龙光中大道	6 车道	1.5	0.03	4 800
4	玉华山南路+和合南路+紫云南大道	4 车道	4.1	0.1	3 200
5	紫云北大道	4 车道	1.2	0.03	3 200
6	紫云北大道	4 车道	0.66	0.02	3 200
7	剑邑大道	4 车道	1.3	0.03	3 200
8	沿江路	2 车道	2.5	0.08	1 600

代号	路段名	双向车道数	距离/km	背景时间/h	通行能力/（veh/h）
9	剑邑大道	4 车道	0.42	0.01	3 200
10	龙光东大道	6 车道	3.2	0.05	4 800
11	剑邑大道	4 车道	1.1	0.03	3 200
12	物华路	6 车道	2.2	0.04	4 800
13	解放南路	2 车道	0.39	0.01	1 600
14	解放南路	2 车道	0.56	0.02	1 600
15	剑南路	4 车道	0.82	0.02	3 200
16	东方红大街	2 车道	1.5	0.05	1 600
17	剑邑大道	4 车道	1.7	0.04	3 200
18	剑南路	4 车道	1.3	0.03	3 200
19	龙光东大道	6 车道	1	0.02	4 800
20	剑桥路	6 车道	0.61	0.01	4 800
21	剑桥路+龙光东大道	6 车道	3.1	0.05	4 800

结合丰城实际，可以发现周末晚上丰城市居民出行以购物娱乐出行为主，主要去往以端点 B、D 为代表的新老城区商业中心。各交通端点的出行量如表 8-2 所示。

表 8-2　出行端点的交通出行量

序号	出行端点	出行量/（veh/h）
1	A	6 000
2	C	3 000
3	E	2 000
4	F	3 000
5	G	2 000

8.2 交通模型

模型包括交通选择参与者、可选策略集和效用函数 3 部分。参与者为各出行端点内的自驾出行者。可选策略集为各端点的可选路径的集合。由于道路资源有限，效用会受其他群体选择的影响，对于出行者 i 而言，其所选策略 j 的效用是所有相关的出行者选择结果的函数，即

$$u_i(s_j) = f_j(m_1, m_2, \cdots, m_n)$$

式中，u_i 为出行者 i 的效用；s_j 为策略 j；m 为其他出行者的选择结果。

具体到该交通场景，交通出行效用函数通常由时间效用和金钱效用组成。其中，路段通行时间参照 BPR 函数的形式，参数 α 取 1，参数 β 取 1。

$$t_i = t_{zi} \cdot \left(1 + \frac{q_i}{c_i}\right)$$

式中，t_i 为路段 i 的通行时间（小时）；t_{zi} 为路段 i 的自由流时间（小时）；q_i 为路段 i 的交通量（veh/h）；c_j 为路段 i 的通行能力（veh/h）。

假设某路径的选择概率为 p，各 OD 的出行路径指代如表 8-3 所示。

表 8-3　各 OD 出行路径

OD	路径组成	选择人数代号
AB	2—6	$p1$
	3	$p2$
	4	$p3$
AD	1—7—9—11—14	$p4$
	1—7—8—13	$p5$
	3—10—12—11—14	$p6$
	3—10—19—18—15—14	$p7$
CB	7—5—6	$p8$
	9—12—10	$p9$
	7—1—3	$p10$

OD	路 径 组 成	选择人数代号
CD	9—11—14	$p11$
	8—13	$p12$
EB	18—19—10	$p13$
	15—11—9—7—5—6	$p14$
ED	15—14	$p15$
	15—11—9—8—13	$p16$
FB	10	$p17$
	12—9—7—5—6	$p18$
FD	12—11—14	$p19$
	12—9—8—13	$p20$
	19—18—15—14	$p21$
GB	20—21—19—10	$p22$
	20—17—11—9—7—5—6	$p23$
	16—8—7—5—6	$p24$
GD	16—13	$p25$
	20—17—14	$p26$

如前所述，效用函数由时间效用和金钱效用组成，并通过时间价值将时间转化为金钱效用，以出行端点 A 的出行者为例，其效用函数如下：

$$u_{AB1} = -\gamma \cdot (t_2 + t_6) - f_{pB}$$

式中，u_{AB1} 为 AB 出行者选择路径 1 的效用（元）；γ 为时间价值（元/小时）；f_{pB} 为商业中心 B 的停车费（元）。

$$u_{AD1} = -\gamma \cdot (t_1 + t_7 + t_9 + t_{11} + t_{14}) - f_{pD}$$

式中，u_{AD1} 为 AD 出行者选择路径 1 的效用（元）；f_{pD} 为商业中心 D 的停车费（元）。

Wardrop 第一原理认为路网达到平衡时，每组 OD 的各条被利用路径具有相等且最大的效用，这种状态类似于混合博弈的均衡状态。即当一个策略集中的任意两个子策略的效用都相等且最大时，该策略集的参与者达到了绝对的不后悔状态。而当所有策略集的参与者都不后悔时，系统达到均衡。但在实际生活中，人们通常依据后悔理论，当后悔程度可接受时，就不再去主动改变其选择行为了。基于此，本研究认为可以将任一策略集中所选路径效用差（即后悔程度）可接受时的状态视为稳定的均衡状态。A的出行路径 1 的后悔度函数如下：

$$R_{A1} = \left| u_{A1} - \frac{\sum u_A}{7} \right|$$

式中，R_{A1} 为出行者 A 选择路径 1 的后悔程度。

综上所述，总体模型的目标函数及约束条件如下：

$$\min R_{sum} = \min \sum_i R_i$$

$$St. \ \forall p_i \geqslant 0$$

$$\boldsymbol{aeq} \times \boldsymbol{p} = \boldsymbol{beq}$$

$$\forall R_i \leqslant k$$

式中，$\boldsymbol{aeq}$、$\boldsymbol{beq}$ 为等式约束的系数矩阵，某出行端点的各路径选择人数之和等于该出行端点的出行人数；R_i 为出行路径 i 的后悔程度（元）；k 为可接受后悔程度（元）。

8.3　算例分析

为研究新老城区商业中心停车费率对交通运行状况的影响，结合丰城市实际情况，设计了 4 种停车费率方案。其中，时间价值 γ 取 50 元/h，可接受后悔程度 k 取 5 元，各方案下新老城区商业中心停车费率 f_{pB}、f_{pD} 取值如表 8-4 所示。

表 8-4　各方案停车费率取值

序号	参数	方案 1/元	方案 2/元	方案 3/元	方案 4/元
1	f_{pB}	0	10	10	0
2	f_{pD}	0	10	0	10

　　计算时，首先运用遗传算法（Genetic Algorithm，GA）找到局部最优点，将其作为序列二次规划算法（Sequence Quadratic Program，SQP）的初值进行计算，得到更优的解，再将此解作为 GA 初始种群中的一支进行计算。如此反复迭代，直到目标函数值无法更优时停止。以方案 2 为例，如图 8-4 所示显示最后一次迭代 GA 的计算过程。

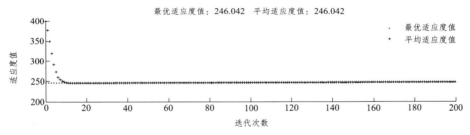

图 8-4　方案 2 最后一次迭代 GA 流程

　　此时，R_i 最大值=3.827 2 元≤可接受后悔程度 k=5 元，认为系统达到均衡。同理可得到系统均衡时各方案的选择结果，具体如表 8-5 所示。

表 8-5　各 OD 选择结果表

OD	选择代号	方案 1	方案 2	方案 3	方案 4
AB	$p1$	3 019	3 004	0	2 675
	$p2$	0	0	3 962	0
	$p3$	2 981	2 996	1 745	3 325
AD	$p4$	0	0	0	0
	$p5$	0	0	0	0
	$p6$	0	0	0	0
	$p7$	0	0	293	0

续表

OD	选择代号	方案 1	方案 2	方案 3	方案 4
CB	$p8$	0	0	0	3 000
	$p9$	2 487	2 657	0	0
	$p10$	0	0	0	0
CD	$p11$	513	343	2115	0
	$p12$	0	0	885	0
EB	$p13$	0	0	0	2 000
	$p14$	0	0	0	0
ED	$p15$	2 000	2 000	2000	0
	$p16$	0	0	0	0
FB	$p17$	3 000	3 000	0	3 000
	$p18$	0	0	0	0
FD	$p19$	0	0	156	0
	$p20$	0	0	0	0
	$p21$	0	0	2 844	0
GB	$p22$	0	0	0	2 000
	$p23$	0	0	0	0
	$p24$	0	0	0	0
GD	$p25$	1 179	995	893	0
	$p26$	821	1 005	1 107	0

如表 8-5 所示，方案 1 和方案 2 的选择情况基本相同，这是因为场景中假设出行总需求不变，与此同时，B 和 D 增加同等停车费对路径选择的影响将相互抵消。下面就采用方案 2、3、4 时的交通运行情况进行对比分析：

如图 8-5 所示，方案 2 和方案 4 的道路服务水平比较接近（均值分别为 0.479 8 veh/h、0.441 6 veh/h），方案 3 最高（均值为 0.678 9 veh/h）。无论哪种方案，其总体服务水平都可以接受。采用方案 3 时，一些去往 B 的交通流量会转移到 D，老城区路段服务水平的增加程度大于新城区的减少程度，交通运行状况恶化。尤其连接商业中心 D 的路段 14，其服务水平增加到 5.321 9veh/h，造成了局部交通瘫痪。

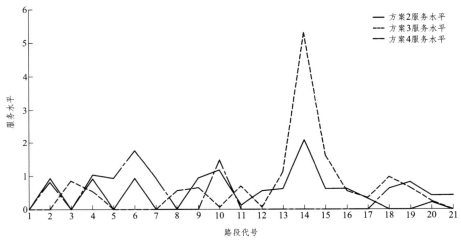

图 8-5　服务水平对比

　　如图 8-6 所示，这里的出行群体指代各出行路径的选择群体，方案 3 的出行时间（均值为 0.194 1 h）最大，方案 2 和方案 4 基本相等（均值分别为 0.172 6 h、0.171 8 h）。各出行路径的出行时间变化趋势基本一致，这是因为在中小城市这类交通场景中，交通系统的整体服务水平尚可接受，出行时间受出行距离的影响大于拥堵程度的影响，出行时间的变化趋势基本与出行路径的距离长短一致。

　　如图 8-7 所示，"2B"指代采用方案 2 时去往 B 的出行人数。可以看出 3 种方案下的 B、D 选择人数显著不同，即通过调整 B、D 的停车费率可以显著改变去往新老商业中心的出行人数。当采用方案 3 时，去往 D 的人数从方案 2 的 4 343 人增加到 10 293 人。这是因为在这类出行距离较短的中小城市交通场景中，出行时间变动带来的影响不如出行费用（如停车费）改变带来的影响。方案 3 只对 B 收取停车费，增加了 B 的出行费用，出行者大量转移到 D。

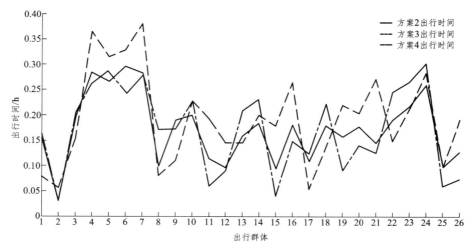

图 8-6　出行时间对比

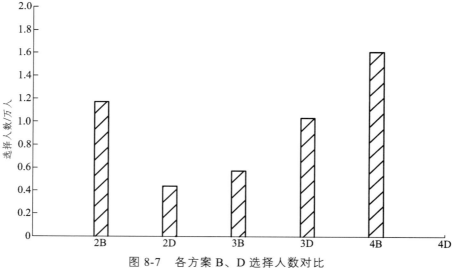

图 8-7　各方案 B、D 选择人数对比

　　当采用方案 4 时，所有出行者去往 B。这说明，出行者已对老城区购物出行不满，如果进一步增加老城区的购物出行成本，出行者将会全面转移到新城区。这虽然有利于改善交通运行状况，但对城市各区域经济的可持续健康发展是不利的。此外，还需对新老城区衔接路段（剑邑大道、龙光东大道）的交通运行状况进行分析。

如表 8-6 所示，方案 4 将带来大量的衔接路段交通流量，会显著增加龙光东大道的交通压力。虽然龙光东大道为新建的双向 6 车道新城主干道，通行能力较大（4 800 veh/h），但即使不考虑背景交通量，其仍无法满足方案 4 带来的大量交通流量（7 000 veh/h）。而剑邑大道为双向 4 车道老城主干道，通行能力有限（3 200 veh/h），若不考虑背景交通量，其能基本满足新增交通流量的需求（3 000 veh/h）。因此，在实施方案 4 时，有必要合理引导衔接路段的出行选择，尽可能控制衔接路段承载的交通压力。

表 8-6　新老城区衔接路段流量

路段	名称	方案 2/（veh/h）	方案 3/（veh/h）	方案 4/（veh/h）
7	剑邑大道	0	0	3 000
10	龙光东大道	5 657	293	7 000

8.4　城区发展对中小城市商业中心停车收费政策的影响

为进一步研究未来城市发展变化对现有交通政策的影响，在已有交通场景和交通模型的基础上，研究了城区发展以后停车收费政策的实施效果变化情况。

近年来，我国城市化建设飞速发展，中小城市的建成区面积日益扩大，城区人口与日俱增，大量中小城市逐渐形成了新老城区两中心甚至多中心的城市结构。随着城市发展步入新的阶段，新城区出行需求激增，老城区出行需求仍巨大，新老城区共同承担了城市的各项功能。尤其是居民生活水平提高后，周末晚间购物娱乐自驾出行大量出现，出行群体通常面临着去往新城区商业中心还是老城区商业中心的选择，这给商业中心附近路段带来了大量交通流量，容易发生交通拥堵。为此交管部门通常实施有针对性的停车收费政策，以引导交通出行在时空上的合理分布。然而城市化的发展并没有止步，未来城市的规模和结构还将发生变化，而现有的停车收费政策能否适应这些变化还值得研究。

8.5 城区发展变化时的研究场景

丰城市作为我国城市化快速发展下的典型中小城市，具有一定的代表性，故以丰城市实际路网构建交通场景，交通场景现状和 8.1 节所搭建交通场景类似，但将新城区的交通小区进一步细化为"三千套"一带的居民小区（A）、金马御龙城（H）、为福泽上城（I）、为子龙花园一带的居民小区（J）、为紫云花园（K）一带的居民小区，相应路段也进行了调整，具体交通场景如图 8-8 所示。

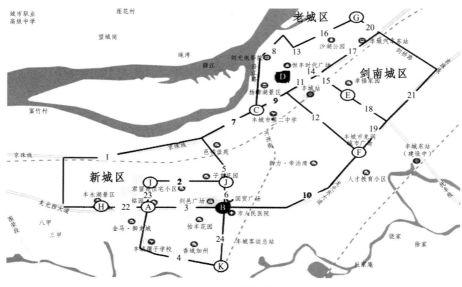

图 8-8　2020 年丰城市路网结构图

如图 8-8 所示，该场景共包含 24 个路段，11 个出行端点。新城区位于市区西南部，包含路段 1、2、3、4、5、6、22、23、24 共 9 条主要干道。交通出行端点 A 为"三千套"一带的居民小区、H 为金马御龙城、I 为福泽上城、J 为子龙花园一带的居民小区、K 为紫云花园一带的居民小区。端点 B 为以粤客隆、国贸、丰悦名城为代表的新城区商业中心。

老城区位于市区东北部，具有路段 8、9、11、12、13、14、15、16、

17、18、19、20、21 共 13 条主要干道。交通出行端点 C、E、F、G 分别为杨柳湖、幸福家园、五千套、沙湖公园一带的居民小区。端点 D 为以沃尔玛、华润万家为代表的老城区商业中心。

其中，金马御龙城属于高收入小区，老城区的居民区多为中低收入小区，路段 7（剑邑大道）、路段 10（龙光东大道）为新老城区衔接路段。周末晚间居民出行以购物娱乐出行为主，主要去往以端点 B、D 为代表的新老城区商业中心。

未来，随着丰城东站（高铁站）和丰城九中的建设完成，剑南城区将迎来新的发展，具体如图 8-9 所示。

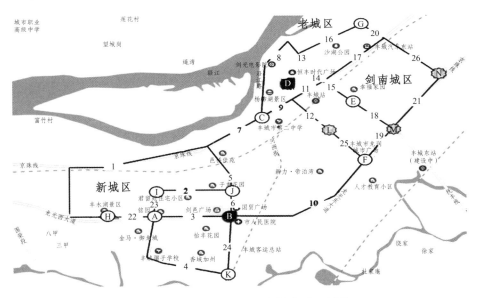

图 8-9　剑南城区发展后的丰城市路网结构图

如图 8-9 所示，剑南城区新增了 L、M、N 3 个出行端点，都为尚在开发的房地产项目。其中 L 为帝泊湾、龙润城市广场一带的居民小区，M 为高铁站附近以玉龙明珠为代表的居民小区，N 为丰城九中附近以学府明珠为代表的居民小区。各路段详细属性如表 8-7 所示。

表 8-7　路段属性

剑南城区发展前				剑南城区发展后			
代号	路段名称	自由流时间/h	通行能力/(veh/h)	代号	路段名称	自由流时间/h	通行能力/(veh/h)
1	龙光西大道+京珠线	0.12	4 800	1	龙光西大道+京珠线	0.12	4 800
2	府佑路	0.04	3 200	2	府佑路	0.04	3 200
3	龙光中大道	0.03	4 800	3	龙光中大道	0.03	4 800
4	玉华山南路+和合南路	0.07	3 200	4	玉华山南路+和合南路	0.07	3 200
5	紫云北大道	0.03	3 200	5	紫云北大道	0.03	3 200
6	紫云北大道	0.02	3 200	6	紫云北大道	0.02	3 200
7	剑邑大道	0.03	3 200	7	剑邑大道	0.03	3 200
8	沿江路	0.08	1 600	8	沿江路	0.08	1 600
9	剑邑大道	0.01	3 200	9	剑邑大道	0.01	3 200
10	龙光东大道	0.05	4 800	10	龙光东大道	0.05	4 800
11	剑邑大道	0.03	3 200	11	剑邑大道	0.03	3 200
12	物华路	0.04	4 800	12	物华路*	0.02	4 800
13	解放南路	0.01	1 600	13	解放南路	0.01	1 600
14	解放南路	0.02	1 600	14	解放南路	0.02	1 600
15	剑南路	0.02	3 200	15	剑南路	0.02	3 200
16	东方红大街	0.05	1 600	16	东方红大街	0.05	1 600
17	剑邑大道	0.04	3 200	17	剑邑大道	0.04	3 200
18	剑南路	0.03	3 200	18	剑南路	0.03	3 200
19	龙光东大道	0.02	4 800	19	龙光东大道	0.02	4 800
20	剑桥路	0.01	4 800	20	剑桥路	0.01	4 800
21	剑桥路+龙光东大道	0.05	4 800	21	龙光东大道*	0.03	4 800
22	龙光西大道	0.02	4 800	22	龙光西大道	0.02	4 800
23	玉华山北路	0.02	3 200	23	玉华山北路	0.02	3 200
24	紫云南大道	0.04	3 200	24	紫云南大道	0.04	3 200
				25	物华路*	0.02	4 800
				26	剑桥路*	0.02	4 800

8.6 城区发展变化时的交通模型

考虑到道路资源有限，某出行群体的出行选择效用会受其他群体选择的影响，本研究如 8.2 节所述，依然依据混合博弈理论进行建模，路段通行时间同样参照 BPR 函数的形式，但增加了背景交通量的内容（这里背景交通量取为道路通行能力的 0.5 倍），具体公式如下：

$$t_i = t_{zi} \cdot \left(1 + \frac{q_i}{c_i} \right)$$

式中，t_i 为路段 i 的通行时间（小时）；t_{zi} 为路段 i 的自由流交通流行驶的时间（小时）；q_i 为路段 i 的交通量，包括购物自驾出行的流量和背景交通量（veh/h）；c_j 为路段 i 的通行能力（veh/h）。

交通出行效用通常由时间效用和金钱效用组成，且可以通过时间价值将时间效用转化为金钱效用，得到出行者的总效用。以剑南发展前端点 A 的出行者为例，效用函数如下：

$$u_{AB} = -\gamma_i \cdot (t_3) - f_{pB}$$

式中，u_{AB} 为出行者 A 选择 B 的效用（元）；γ_i 为 i 小区出行者的时间价值（元/小时）；f_{pB} 为新城商业中心 B 的停车费（元）。

$$u_{AD} = -\gamma_i \cdot (t_1 + t_7 + t_9 + t_{11} + t_{14} + t_{22}) - f_{pD}$$

式中，u_{AD} 为出行者 A 选择 D 的效用（元）；f_{pD} 为老城商业中心 D 的停车费（元）。

目标函数的形式如 8.2 节公式所述，这里不再赘述。

8.7 城区发展变化时的算例分析

目前，丰城城区人口约 44 万，约 8% 的出行者周末晚间选择自驾购物出行。各出行端点的出行量按住宅数分配。随着剑南城区的发展，假设全市该类出行总人数增长 10%，剑南城区发展前后出行端点具体的出行量如表 8-8 所示。

表 8-8　出行端点的交通出行量

剑南发展前		剑南发展后	
出行端点	出行量（veh/h）	出行端点	出行量（veh/h）
A（三千套）3 000	5 802	A（三千套）3 000	5 007
C（杨柳湖）2 000	3 869	C（杨柳湖）2 000	3 338
E（幸福家园）2 000	3 868	E（幸福家园）2 000	3 338
F（五千套）4 000	7 736	F（五千套）4 000	6 676
G（沙湖公园）1 200	2 321	G（沙湖公园）1 200	2 003
H（金马御龙城）1 000	1 934	H（金马御龙城）1 000	1 669
I（福泽上城）1 500	2 901	I（福泽上城）1 500	2 503
J（子龙花园）1 500	2 901	J（子龙花园）1 500	2 503
K（紫云花园）2 000	3 868	K（紫云花园）2 000	3 338
		L（帝泊湾）3 000	5 007
		M（丰城东站）1 000	1 669
		N（学府明珠）1 000	1 669

假设某路径的选择概率为 p，将各 OD 的出行路径选择定义如表 8-9 所示。

表 8-9　各 OD 出行路径

剑南发展前			剑南发展后		
OD	路径组成	选择代号	OD	路径组成	选择代号
A—B	3	$p1$	A—B	3	$p1$
A—D	22—1—7—9—11—14	$p2$	A—D	22—1—7—9—11—14	$p2$
C—B	7—5—6	$p3$	C—B	7—5—6	$p3$
C—D	8—13	$p4$	C—D	8—13	$p4$
E—B	18—19—10	$p5$	E—B	18—19—10	$p5$
E—D	15—14	$p6$	E—D	15—14	$p6$
F—B	10	$p7$	F—B	10	$p7$

续表

剑南发展前			剑南发展后		
OD	路径组成	选择代号	OD	路径组成	选择代号
F—D	12—11—14	$p8$	F—D	25—12—11—14	$p8$
G—B	20—21—19—10	$p9$	G—B	20—26—21—19—10	$p9$
G—D	16—13	$p10$	G—D	16—13	$p10$
H—B	22—3	$p11$	H—B	22—3	$p11$
H—D	1—7—8—13	$p12$	H—D	1—7—8—13	$p12$
I—B	2—6	$p13$	I—B	2—6	$p13$
I—D	2—5—7—9—11—14	$p14$	I—D	2—5—7—9—11—14	$p14$
J—B	6	$p15$	J—B	6	$p15$
J—D	5—7—8—13	$p16$	J—D	5—7—8—13	$p16$
K—B	24	$p17$	K—B	24	$p17$
K—D	24—10—12—11—14	$p18$	K—D	24—10—25—12—11—14	$p18$
			L—B	25—10	$p19$
			L—D	12—9—8—13	$p20$
			M—B	19—10	$p21$
			M—D	18—15—14	$p22$
			N—B	21—19—10	$p23$
			N—D	26—17—14	$p24$

关于未来年出行时间价值的具体计算中，首先估算出未来年的居民收入水平，再根据时薪（一年工作日算 251 天，一天工作 8 小时）计算出 2029 年出行时间价值的基础值，再得出符合正态分布（标准差为 3 元）的各小区出行时间价值（见表 8-10）。

表 8-10　各小区出行者时间价值表

小区	时间价值/（元/小时）
H（金马御龙城、高等收入小区）	45.21
A（三千套、中等收入小区）	24.16

小区	时间价值/（元/小时）
F（五千套、中等收入小区）	24.08
I（福泽上城、中等收入小区）	24.08
J（子龙花园、中等收入小区）	23.34
K（紫云花园、中等收入小区）	21.46
L（帝泊湾、中等收入小区）	22.68
M（高铁站、中等收入小区）	20.79
N（学府明珠、中等收入小区）	23.12
C（杨柳湖、低收入小区）	15.38
E（幸福家园、低收入小区）	16.3
G（沙湖公园、低收入小区）	15.16

考虑到老城道路条件较差，更易发生拥堵，因此老城商业中心收取更高的停车费用，具体取值如表 8-11 所示。

表 8-11　停车费率取值

序号	参数	停车费率/元
1	f_{pB}	5
2	f_{pD}	10

计算时，通过遗传算法（Genetic Algorithm，GA）和序列二次规划算法（Sequence Quadratic Program，SQP）来计算。首先运用 GA 算法找到局部最优点，将其作为 SQP 算法的初值进行计算，得到更优的解，再将此解作为 GA 算法初始种群中的一支进行计算。如此反复迭代，直到目标函数值无法更优时停止。其中，可接受后悔程度 k 取 5 元。以剑南发展前的系统状态为例，图 8-10 显示最后一次迭代 GA 算法的计算过程。

此时，R_i 最大值=3.73 元≤可接受后悔程度 k=5 元，认为系统达到均衡。同理可得剑南发展后的系统状态。

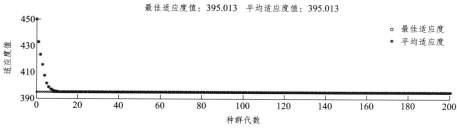

图 8-10　剑南发展前最后一次迭代 GA 流程

如图 8-11 所示，剑南发展前，路段平均服务水平为 1.16 veh/h，剑南发展后为 1.24 veh/h。这说明随着剑南的发展，出行群体的数量有所增加，路段服务水平相比发展前有所下降。此外，当老城商业中心收取更高的停车费后，大部分的出行者都选择新城区商业中心，尤其是位于老城区的出行者，也大多选择去往新城区商业中心。这说明对于丰城这一类中小城市，出行者的出行距离相对较短，各选择路径之间的出行时间差异有限，而出行者选择路径时，关于出行费用的考虑相对于出行时间会占有更大的比例，即出行者对于金钱的敏感性大于时间。当出现差异化的停车收费政策后，大量老城区的出行者被引导至新城商业中心。这无疑会使老城商业中心的经济活动受到影响，而且会给新老城区的衔接路段（路段 10）带来极大的交通压力。

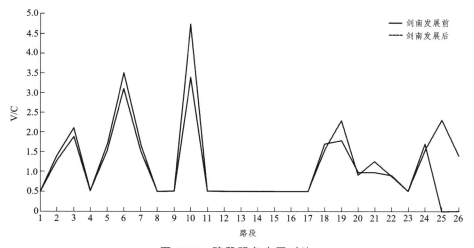

图 8-11　路段服务水平对比

　　此外还可以看出，剑南发展前后各路段服务水平的变化趋势基本保持一致。其中位于剑南城区的路段 10、路段 19、路段 21 的服务水平有所增加，新增路段 25、26 的服务水平较高。这说明当剑南城区的 L、M、N 3 个小区建成以后，将会给附近去往新城区的路段带来大量的交通流量。

　　如图 8-12 所示，剑南发展前，各小区的平均出行时间为 0.21 h。剑南发展后，出行时间有所增加，平均时间为 0.26 h。可以看出，无论剑南城区是否发展，老城区和剑南城区出行者（C、E、F、G、L、M、N）的出行时间都显著高于新城区的出行者（A、H、I、J、K）。这说明在当前的停车收费政策下，大量老城区和剑南城区的出行者被引导至新城商业中心进行购物，使此类出行者的出行距离较长，而衔接路段 10 出现的严重拥堵更增加了此类出行者的出行时间。

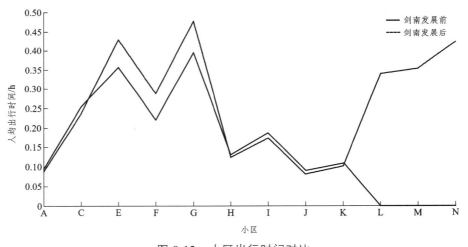

图 8-12　小区出行时间对比

　　通过对比剑南城区建成前后的交通运行状况，可以发现随着 L、M、N 3 个小区的建成，各小区平均出行时间的变化趋势基本保持一致，而老城区和剑南城区出行者（E、F、G）的出行时间有所增加。这说明剑南城区的建成并未显著改变原有的出行选择，各小区出行时间的变化随着小区人数的变化而改变。

如表 8-12 所示，剑南发展前后的衔接路段 10 都出现了大量的交通流量，且大部分流量是由老城区和剑南城区去往新城商业中心 B 带来的。综上所述，可以看出该停车收费方案会给老城区的商业中心和部分路段带来不利影响。下面以统一停车收费方案下的交通运行状态进行分析，f_{pB} 和 f_{pD} 都取 10 元。

表 8-12　新老城区衔接路段对比（veh/h）

	路段名称	交通流量	服务水平
剑南发展前	7 剑邑大道	5 469	1.71
	10 龙光东大道	16 325	3.40
剑南发展后	7 剑邑大道	4 938	1.54
	10 龙光东大道	22 762	4.74

如图 8-13 所示，老城区路段（路段 8、9、11、13、14、16、17、20）的平均服务水平为 1.27 veh/h，新城区路段（路段 1、2、3、4、5、6、22、23、24）的平均服务水平为 1.30 veh/h，剑南城区路段（路段 12、15、18、19、21、25、26）的为 1.07 veh/h。可以看出在统一的停车收费下，新老城区路段的服务水平接近，且大部分在可接受范围内，但是商业中心 B 和 D 的连接路段 6 和 14 出现了严重的交通拥堵。剑南城区相比新老城区的路段服务水平较好，这是由于老城区的路段通行能力普遍较低，新城区的小区出行量较大，而剑南城区道路条件好、小区较分散，且剑南城区并没有建成商业中心以吸引其他城区的出行者进入。

此外，当收取统一的停车费后，去往老城区商业中心 D 的人数显著增加，共有 6 958 位出行者选择去往 D。但大部分出行者仍选择去往新城区商业中心 B，共计 31 762 位出行者，高达 82% 的出行者选择去往 B 进行购物。这是由于除了新城区的出行者，还有大部分剑南城区的出行者去往 B。其中连接新城区和剑南城区的龙光大道为设置了中央隔离和两侧机非隔离的双向 6 车道快速路，道路条件好，行驶速度快，加之新城区的道路多为双向 4 车道以上的主干道，新城商业中心 B 的交通可达性较之老城商业中心

D 更好，因而在统一的停车费政策下，B 仍然吸引了大部分的交通出行。

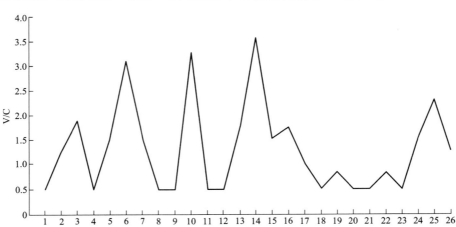

图 8-13 统一停车费下的剑南发展后路段服务水平

8.8 结 论

为了在实际交通场景中，研究我国中小城市商业中心差异化停车收费的实施效果，本研究首先以"经济百强县"丰城为例，在考虑出行群体间相互影响的基础上，依据混合博弈理论和后悔理论，通过对比 4 个停车费率设置方案，研究了我国小城市新老城区商业中心的停车费率设置问题。研究表明，改变停车费率可以显著改变出行分布。其中，当只对新商业中心收取停车费时，会增加老城商业中心客流，进一步恶化交通运行状况。而当只对老商业中心收取停车费时，可以改善交通运行状况，但也会对衔接路段及老城商业中心的经济活力带来不利影响。因此，当交管部门设置停车费率时，须考虑各方案对交通状况、经济活力及出行习惯等的综合影响。选择最符合当地实际的设置方案，以取得最佳的改善效果。

随着我国城市化建设的不断推进，未来中小城市的规模和结构还将发生变化，而现有的停车收费政策能否适应这些变化还值得进一步研究。为此，本研究继续以江西省丰城市为例，进一步研究了城区发展后，中小城市商业中心停车收费政策的适应性问题。研究表明在该场景中，当老城商业中心收取更高的停车费后，随着剑南发展，出行群体的数量有所增加，路段服务水平相比发展前有所下降。而无论剑南城区是否发展，大部分的出行者此时都选择了新城区商业中心，尤其是位于老城区的出行者，也大多选择去往新城区商业中心。当新老商业中心收取统一的停车费后，去往老城区商业中心的人数显著增加，但大部分出行者仍选择去往新城区商业中心。而造成上述现象的主要原因是丰城的路网结构与城市规模，使出行者对于金钱的敏感性大于出行时间，当出现差异化的停车收费政策后，大量出行者被引导至新城商业中心。而统一收费后，新城商业中心的交通可达性较老城商业中心更好，其仍然吸引了大部分的交通出行。因此，交通管理部门在制定差异化的停车收费方案时，需要充分考虑当地的实际情况，合理引导出行者进行出行选择，以最大限度地平衡交通供需在时空分布上的矛盾。

PART NINE

第 9 章

出行者收入水平变化对商业中心
停车收费的影响研究

9.1　研究背景

当前，我国城市化发展步入新的阶段，随着新城区建设的不断完善，中小城市的交通出行出现了新的变化。其中，周末晚间购物自驾出行大量出现，新城区商业中心和老城区商业中心共同承担出行需求，这给商业中心附近路段带来了一定拥堵。为了缓解拥堵，交管部门通常会制定有针对性的商业中心停车收费政策来引导交通。然而以我国目前的发展趋势看，未来居民收入水平还将持续增长。而这必然会对出行者的时间价值乃至出行选择产生影响。当下的停车收费政策能否适应未来的交通出行环境？这是一个值得研究的问题。

为此，本书考虑出行群体间的相互影响，依据后悔理论，研究了收入水平变化对中小城市商业中心停车收费政策的影响，以讨论交通管理政策在未来年不确定性条件下的适用性问题。

9.2　交通场景

本书以江西省丰城市为例构建交通场景。作为全国经济百强县（在第十五届全国"县域经济与县域基本竞争力百强县"上排名全国第 78 位），丰城市城区面积已达 48.5 平方千米，城区人口约 44 万，私家车保有量约 9.17 万辆，市区居民自驾车交通出行需求较大。丰城于 2011 年前后完成新城区建设。随着新城区的不断发展，目前新老城区区划明显，分别位于市区西南和东北部，由剑邑大道和龙光大道衔接。新老城区的路网结构也存在显著差异。新城区道路车道数多为四车道以上的主干路及快速路，交通出行的集聚性很强。老城区道路较窄，支路多，交通出行较分散。以丰城市实际路网构建的交通场景如图 9-1 所示。

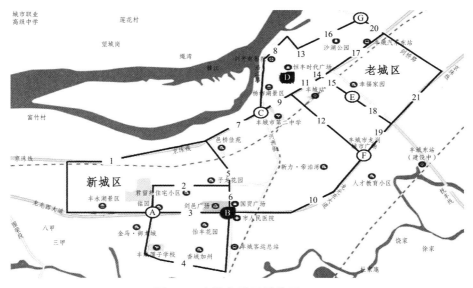

图 9-1　丰城市路网结构图

图 9-1 中，该场景共包含 21 个路段，7 个出行端点。

新城区位于市区西南部，包含路段 1、2、3、4、5、6 共 6 条主要干道。交通出行端点 A 为三千套、金马御龙城一带的居民小区。端点 B 为以粤客隆、乐卖特、丰悦名城为代表的新城区商业中心。

老城区位于市区东北部，具有路段 8、9、11、12、13、14、15、16、17、18、19、20、21 共 13 条主要干道。交通出行端点 C、E、F、G 分别为杨柳湖、幸福家园、五千套、沙湖公园一带的居民小区。端点 D 为以沃尔玛、华润万家为代表的老城区商业中心。路段 7（剑邑大道）、路段 10（龙光东大道）为新老城区衔接路段。周末晚间丰城市居民以购物娱乐出行为主，主要去往以端点 B、D 为代表的新老城区商业中心。

9.3　交通模型

考虑到道路资源有限，出行路径选择的效用会受到其他群体选择的影响，故本模型依据混合博弈理论，包括路径选择参与者、可选策略集和效用函数 3 部分。参与者为各出行端点内的购物自驾出行者。可选策略集为各端点的可选路径的集合。对于出行者 i 而言，其所选策略 j 的效用应是所有相关的出行者共同选择结果的函数，即

$$u_i(s_j) = f_j(m_1, m_2, \cdots, m_n)$$

式中，u_i 为出行者 i 的效用；s_j 为策略 j；m 为其他参与者的选择结果。

该交通场景，路段通行时间参照 BPR 函数的形式，参数 α 取 1，参数 β 取 1：

$$t_i = t_{zi} \cdot \left(1 + \frac{q_i}{c_i}\right)$$

式中，t_i 为路段 i 的通行时间（小时）；t_{zi} 为路段 i 的背景交通行驶的时间（小时）；q_i 为路段 i 的交通量（veh/h）；c_j 为路段 i 的通行能力（veh/h）。

交通出行效用通常由时间效用和金钱效用组成，且可以通过时间价值将时间效用转化为金钱效用，得到出行者的总效用。其中，人口收入的变化在模型中具体表现为出行者对时间价值的敏感程度的变化。显然随着收入水平的提高，出行者对出行时间的敏感性提高，即时间价值系数提高，反之亦然。以出行端点 A 的出行者为例，目标年 i 期效用函数如下：

$$u_{AB1} = -\gamma_i \cdot (t_2 + t_6) - f_{pB}$$

式中，u_{AB1} 为 AB 出行者选择路径 1 的效用（元）；γ_i 为第 i 年出行者的时间价值（元/小时）；f_{pB} 为商业中心 B 的停车费（元）。

$$u_{AD1} = -\gamma_i \cdot (t_1 + t_7 + t_9 + t_{11} + t_{14}) - f_{pD}$$

式中，u_{AD1} 为 AD 出行者选择路径 1 的效用（元）；f_{pD} 为商业中心 D 的停车费（元）。

Wardrop 第一原理认为，路网达到平衡时，每组 OD 的各条被利用路径具有相等且最大的效用，这种状态类似于混合博弈的均衡状态。即当一个策略集中的子策略的效用都相等且最大时，该策略集的参与者达到了绝对不后悔状态。而当所有策略集的参与者都不后悔时，系统达到均衡。在实际生活中，人们通常在当后悔程度可接受时，不再去主动改变选择行为。基于此，本研究认为可以将所有出行者所选路径效用差最小且可接受时对应的交通系统运行状态视为稳定的均衡状态。A 的出行路径 1 的后悔度函数如下：

$$R_{A1} = \left| u_{A1} - \frac{\sum u_A}{7} \right|$$

式中，R_{A1} 为出行者 A 选择路径 1 的后悔程度。

综上所述，目标函数及约束条件如下：

$$\min R_{sum} = \min \sum R_i$$

$$St. \ \forall p_i \geqslant 0$$

$$\boldsymbol{aeq} \times \boldsymbol{p} = \boldsymbol{beq}$$

$$\forall R_i \leqslant k$$

式中，$\boldsymbol{aeq}$、$\boldsymbol{beq}$ 为等式约束的系数矩阵，某出行端点的各路径选择人数之和等于该出行端点的出行人数；R_i 为出行路径 i 的后悔程度（元）；k 为可接受后悔程度（元）。

9.4 算例分析

为研究出行群体收入水平变化对中小城市停车收费政策的影响，结合丰城市的实际情况，计算了不同 GDP 增速下的交通场景运行状态。各路段详细属性如表 9-1 所示。

表 9-1　路段属性

代号	路段	双向车道数	长度/km	背景时间/h	通行能力/（veh/h）
1	龙光西大道+京珠线	6 车道	8.5	0.14	4 800
2	玉华山北路+府佑路	4 车道	2.2	0.06	3 200
3	龙光中大道	6 车道	1.5	0.03	4 800
4	玉华山南路+和合南路+紫云南大道	4 车道	4.1	0.1	3 200
5	紫云北大道	4 车道	1.2	0.03	3 200
6	紫云北大道	4 车道	0.66	0.02	3 200
7	剑邑大道	4 车道	1.3	0.03	3 200
8	沿江路	2 车道	2.5	0.08	1 600
9	剑邑大道	4 车道	0.42	0.01	3 200
10	龙光东大道	6 车道	3.2	0.05	4 800
11	剑邑大道	4 车道	1.1	0.03	3 200
12	物华路	6 车道	2.2	0.04	4 800
13	解放南路	2 车道	0.39	0.01	1 600
14	解放南路	2 车道	0.56	0.02	1 600
15	剑南路	4 车道	0.82	0.02	3 200
16	东方红大街	2 车道	1.5	0.05	1 600
17	剑邑大道	4 车道	1.7	0.04	3 200
18	剑南路	4 车道	1.3	0.03	3 200
19	龙光东大道	6 车道	1	0.02	4 800
20	剑桥路	6 车道	0.61	0.01	4 800
21	剑桥路+龙光东大道	6 车道	3.1	0.05	4 800

目前，丰城城区人口约 44 万，根据丰城实际情况，约 4% 的出行者周末晚间选择自驾购物出行。各出行端点的实际出行量按住宅数分配出行量，具体如表 9-2 所示。

表 9-2　出行端点的交通出行量

序号	出行端点	出行量/（veh/h）
1	A（三千套）	7 135
2	C（杨柳湖）	2 378
3	E（幸福家园）	1 903
4	F（五千套）	4 757
5	G（沙湖公园）	1 427

假设某路径的选择概率为 p，将各 OD 的出行路径选择定义如表 9-3 所示。

表 9-3　各 OD 出行路径

OD	路径组成	选择代号
A—B	2—6	$p1$
	3	$p2$
	4	$p3$
A—D	1—7—9—11—14	$p4$
	1—7—8—13	$p5$
	3—10—12—11—14	$p6$
	3—10—19—18—15—14	$p7$
C—B	7—5—6	$p8$
	9—12—10	$p9$
	7—1—3	$p10$
C—D	9—11—14	$p11$
	8—13	$p12$
E—B	18—19—10	$p13$
	15—11—9—7—5—6（p14）	$p14$
E—D	15—14	$p15$
	15—11—9—8—13	$p16$
F—B	10	$p17$
	12—9—7—5—6	$p18$

续表

OD	路径组成	选择代号
F—D	12—11—14	$p19$
	12—9—8—13	$p20$
	19—18—15—14	$p21$
G—B	20—21—19—10	$p22$
	20—17—11—9—7—5—6	$p23$
	16—8—7—5—6	$p24$
G—D	16—13	$p25$
	20—17—14	$p26$

2019 年上半年，全国居民人均可支配收入持续稳定增长，其中，城镇居民人均可支配收入 21 342 元，增长 8.0%，扣除价格因素实际增长 5.7%。显然，出行者的时间价值与其收入情况相关，随着收入水平的提高，出行者将对出行费用越发不敏感，对出行时间越发敏感。首先依据 GDP 增长率估算出未来年出行者的收入水平，再根据未来年的时薪（一年工作日算 251 天，一天工作 8 小时）得出不同经济增速下未来年的出行者时间价值（见表 9-4）。

表 9-4 未来年出行者时间价值表

序号	年度	GDP 年增长率	城镇居民可支配收入/元	时间价值/（元/小时）
1	2019	6%	21 342	10.6
2	2029	6%	38 219	19.0
3	2039	6%	68 443	34.1
4	2049	6%	122 568	61.0
1	2029	9%	50 525	25.2
2	2039	9%	90 480	45.1
3	2049	9%	162 032	80.7

其中，可接受后悔程度 k 取 5 元，各方案下新老城区商业中心停车费率 f_{pB}、f_{pD} 取值如表 9-5 所示。

表 9-5　各方案停车费率取值

序号	参数	方案 1/元	方案 2/元
1	f_{pB}	10	5
2	f_{pD}	5	10

计算时，通过遗传算法（Genetic Algorithm，GA）和序列二次规划算法（Sequence Quadratic Program，SQP）来计算。首先运用 GA 算法找到局部最优点，将其作为 SQP 算法的初值进行计算，得到更优的解，再将此解作为 GA 算法初始种群中的一支进行计算。如此反复迭代直到目标函数值无法更优时停止。以方案 1 为例，图 9-2 显示 2019 年最后一次迭代 GA 算法的计算过程。

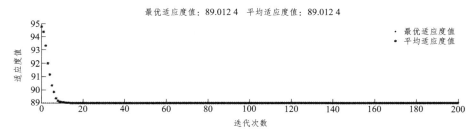

图 9-2　2019 年方案 1 最后一次迭代 GA 流程

此时，R_i 最大值=4.68 元≤可接受后悔程度 k=5 元，认为系统达到均衡。可得到系统均衡时，该场景下的选择结果。同理可得到低增速和高增速下各年度各方案下的出行状态。下面就各条件下的交通运行情况进行对比分析（见图 9-3）。

如图 9-3 所示，2019 年方案 1 的路段平均服务水平为 1.19 veh/h，方案 2 的为 0.61 veh/h。可见，方案 2 对于交通拥堵的改善总体上优于方案 1，且采取方案 1 时，路段 14 存在严重拥堵。当采取方案 1 时，老城区商业中心收取相对较低的停车费，将大量出行引导至老城区，然而老城区的路段普遍较窄，更易发生严重拥堵。当采取方案 2 时，新城区商业中心收取相对较低的停车费，大量出行者选择去新城区购物，而新城区的道路条件相对较好，能容纳吸引来的大量购物出行。其中方案 2 最拥堵的路段 6（服务水平高达 2.8veh/h）和方案 1 最拥堵的路段 14 分别是新老城区商业中心的连接路段。此时由于出行者的时间价值较低，其对费用较敏感，容易对直接影响出行费用的交通政策做出反应，不同的停车收费方案产生显著差异。

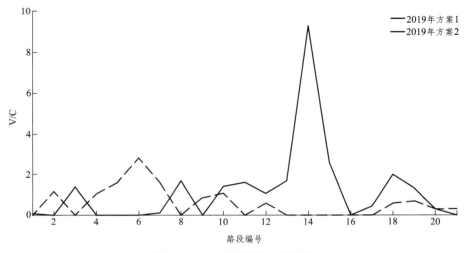

图 9-3　2019 年服务水平对比

如图 9-4 所示，2019 年方案 1 各路径的平均出行时间为 0.28 h，方案 2 各路径的平均出行时间为 0.19 h。方案 1 的人均出行时间为 0.43 h，方案 2 的人均出行时间为 0.21 h，方案 2 更能节约他们的出行时间。可以看出，对于丰城这类较小的交通路网来说，出行时间都不至于不可接受。

如图 9-5 所示，当未来年 GDP 以较低速度增长时，无论方案 1 还是方案 2，平均拥挤程度都随收入水平的提高而下降。这是因为随着收入水平的提高，出行者的时间价值相应提高，出行者对时间的敏感性增加，对出行费用的敏感性下降，当发生拥堵时，出行者更愿意绕路以节约时间，这在一定程度上缓解了交通供需矛盾。对比两方案可以发现，无论哪一年方案 2 都优于方案 1，但是优势在不断缩小。这是因为随着时间价值的提高，出行者对费用的相对敏感性在下降，停车费这一经济政策发挥的作用在不断减少。

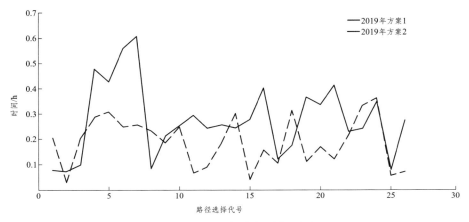

图 9-4　2019 年出行时间对比

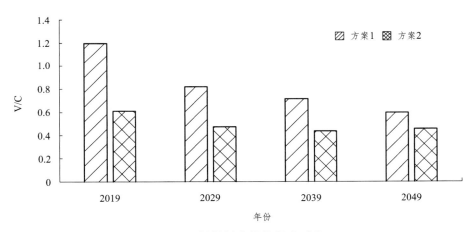

图 9-5　低增长率拥挤程度对比

　　如图 9-6 所示，当未来年 GDP 以较高速度增长时，两方案对交通的影响和低速度增长时类似，即总体上方案 2 优于方案 1 但优势在不断缩小。这说明居民收入水平增速的差异对于两方案实施效果的影响有限。这是因为对于丰城这样的小城市，出行距离有限，各出行路径的时间差异有限，出行者时间价值的差异对于出行选择的影响有限。如前所述，对于缓解交通拥堵来说，方案 2 优于方案 1。下面就方案 2 的人均出行时间进行对比分析。

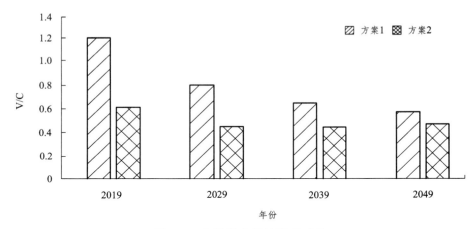

图 9-6　高增长率拥挤程度对比

如图 9-7 所示，随着 GDP 的增加，方案 2 下的人均出行时间随着收入水平的提高在下降。这说明，当出行者对时间越发敏感时，即使交通政策不变，他们也会选择更合理的出行线路来减少出行时间。

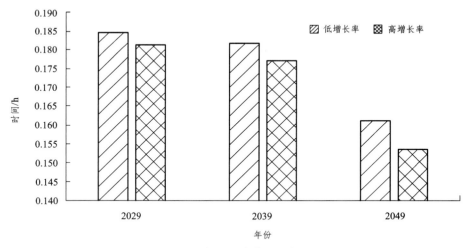

图 9-7　方案 2 人均出行时间对比

如表 9-6 所示，方案 2 将带来大量的衔接路段交通流量，会显著增加龙光东大道的交通压力。这是因为方案 2 提高了老城区商业中心的出行成本，使大量老城区居民选择新城区商业中心进行购物，造成大量衔接路段的交通流量。因此，在实施方案 2 时，有必要合理改善衔接路段的道路条件，尽可能控制衔接路段承载的交通压力。

表 9-6　高增长率下新老城区衔接路段流量（veh/h）

方案	路段名称	2019 年	2029 年	2039 年	2049 年
方案 1	7 剑邑大道	349	0	0	0
	10 龙光东大道	6 786	827	2 005	3 777
方案 2	7 剑邑大道	5 176	2 378	2 309	1 033
	10 龙光东大道	5 289	8 087	7 859	6 919

9.5　居民收入结构变化的影响

随着经济的发展，出行者的收入结构也在发生变化。当下的停车收费政策能否适应这些变化还值得讨论。本研究以"经济百强县"丰城为例，考虑出行群体间的相互影响，依据混合博弈理论和后悔理论，研究了居民收入结构变化后，中小城市商业中心停车收费政策的适应性问题。研究表明，当老城区商业中心收取更高的停车费后，新老城区之间的小区居民的购物出行被引导至新城区商业中心，虽然有效缓解了老城区路段的拥堵，但是给新城区带来了严重影响。当采取统一的停车费后，"橄榄型"分布下的道路服务水平大为改善，且新城区商业中心连接路段的拥挤程度显著下降。

根据国家统计局发布的 2018 年收入群体划分数据，月收入 5 000 元以下的人群占比 84%，月收入 5 000 元至 1 万元的占比 13%，月收入 1 万元以上的占比 3%。2019 年上半年，城镇居民人均可支配收入 21 342 元，增长 8.0%。可以看出，整体上全国城镇居民人均可支配收入持续稳定增长，收入结构分布符合"金字塔型"结构。然而，随着人口素质、教育水平和就业环境等不断改善，未来步入中等收入群体的居民将会不断增加，贫富差距会逐渐缩小，居民收入结构分布可能由"金字塔型"变为"橄榄型"结构。

当前，我国城市化发展步入新阶段，随着新城区建设的不断完善，中小城市的交通出行出现了新的变化。其中，周末晚间购物自驾出行大量出现，新城区商业中心和老城区商业中心共同承担购物需求，这给商业中心附近路段带来了一定拥堵。为了缓解拥堵，交管部门通常会制定有针对性的商业中心停车收费政策来引导交通。考虑到出行群体对费用的敏感性会随着收入结构的改变而改变，而停车收费政策属于交通经济管理行为，这将对政策的实施效果产生影响。那么，当收入结构变化之后，现有的交通政策能否发挥应有的效果？为了研究这一问题，本研究考虑出行群体间的相互影响，依据混合博弈理论和后悔理论，研究了居民收入结构变化后，中小城市商业中心停车收费政策的适应性问题。

9.6　居民收入结构变化时的交通场景

2018 年，丰城市全市完成生产总值 506.17 亿元，财政收入完成 70 亿元。城市建成区面积已达 48.5 平方千米，城区人口约 44 万，私家车保有量约 9.17 万辆。丰城市于 2011 年完成新城区建设。随着新城区的不断发展，目前新老城区区划明显，分别位于市区西南和东北部，由剑邑大道和龙光大道衔接。新城区道路车道数多为四车道以上的主干路及快速路。老城区道路较窄，支路多。丰城市作为我国城市化快速发展下的典型小城市，具有一定代表性，故以丰城市实际路网构建交通场景（见图 9-8）。

图 9-8 中，该场景共包含 24 个路段，11 个出行端点。

新城区位于市区西南部，包含路段 1、2、3、4、5、6、22、23、24 共 9 条主要干道。交通出行端点 A 为三千套一带的居民小区、H 为金马御龙城、I 为福泽上城、J 为子龙花园一带的居民小区、K 为紫云花园一带的居民小区。端点 B 为以粤客隆、国贸、丰悦名城为代表的新城区商业中心。

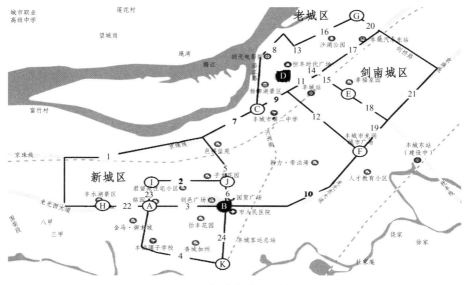

图 9-8　丰城市路网结构图

老城区位于市区东北部，具有路段 8、9、11、12、13、14、15、16、17、18、19、20、21 共 13 条主要干道。交通出行端点 C、E、F、G 分别为杨柳湖、幸福家园、五千套、沙湖公园一带的居民小区。端点 D 为以沃尔玛、华润万家为代表的老城区商业中心。其中，金马御龙城属于高收入小区，老城区的居民区多为中低收入小区，路段 7（剑邑大道）、路段 10（龙光东大道）为新老城区衔接路段。周末晚间居民出行以购物娱乐出行为主，主要去往以端点 B、D 为代表的新老城区商业中心。各路段详细属性如表 9-7 所示。

表 9-7　路段属性

代号	路段	双向车道数	长度/km	自由流时间/h	通行能力/（veh/h）
1	龙光西大道+京珠线	6 车道	7.3	0.12	4 800
2	府佑路	4 车道	1.5	0.04	3 200
3	龙光中大道	6 车道	1.5	0.03	4 800
4	玉华山南路+和合南路	4 车道	2.6	0.07	3 200

代号	路段	双向车道数	长度/km	自由流时间/h	通行能力/（veh/h）
5	紫云北大道	4 车道	1.2	0.03	3 200
6	紫云北大道	4 车道	0.66	0.02	3 200
7	剑邑大道	4 车道	1.3	0.03	3 200
8	沿江路	2 车道	2.5	0.08	1 600
9	剑邑大道	4 车道	0.42	0.01	3 200
10	龙光东大道	6 车道	3.2	0.05	4 800
11	剑邑大道	4 车道	1.1	0.03	3 200
12	物华路	6 车道	2.2	0.04	4 800
13	解放南路	2 车道	0.39	0.01	1 600
14	解放南路	2 车道	0.56	0.02	1 600
15	剑南路	4 车道	0.82	0.02	3 200
16	东方红大街	2 车道	1.5	0.05	1 600
17	剑邑大道	4 车道	1.7	0.04	3 200
18	剑南路	4 车道	1.3	0.03	3 200
19	龙光东大道	6 车道	1	0.02	4 800
20	剑桥路	6 车道	0.61	0.01	4 800
21	剑桥路+龙光东大道	6 车道	3.1	0.05	4 800
22	龙光西大道	6 车道	1.2	0.02	4 800
23	玉华山北路	4 车道	0.7	0.02	3 200
24	紫云南大道	4 车道	1.5	0.04	3 200

9.7 居民收入结构变化时的交通模型

考虑到道路资源有限，出行路径选择的效用会受其他群体选择的影响，故本模型依据混合博弈理论建立，具体包括路径选择参与者、可选策略集和效用函数 3 部分。其中参与者为各出行端点内的购物自驾出行者。可选策略集为各端点的可选路径的集合。对于出行者 i 而言，其所选策略 j 的效

用应是所有相关的出行者共同选择结果的函数，即

$$u_i(s_j) = f_j(m_1, m_2, \cdots, m_n)$$

式中，u_i 为出行者 i 的效用；s_j 为策略 j；m 为其他参与者的选择结果。

该交通场景，路段通行时间参照 BPR 函数的形式：

$$t_i = t_{zi} \cdot \left(1 + \frac{q_i}{c_i}\right)$$

式中，t_i 为路段 i 的通行时间（小时）；t_{zi} 为路段 i 的自由流交通流行驶的时间（小时）；q_i 为路段 i 的交通量，包括购物自驾出行的流量和背景交通量（veh/h）；c_j 为路段 i 的通行能力（veh/h）。

交通出行效用通常由时间效用和金钱效用组成，且可以通过时间价值将时间效用转化为金钱效用，得到出行者的总效用。以出行端点 A 的出行者为例，效用函数如下：

$$u_{AB1} = -\gamma_i \cdot (t_2 + t_6 + t_{23}) - f_{pB}$$

式中，u_{AB1} 为 AB 出行者选择路径 1 的效用（元）；γ_i 为 i 小区出行者的时间价值（元/小时）；f_{pB} 为新城商业中心 B 的停车费（元）。

$$u_{AD1} = -\gamma_i \cdot (t_1 + t_7 + t_9 + t_{11} + t_{14} + t_{22}) - f_{pD}$$

式中，u_{AD1} 为 AD 出行者选择路径 1 的效用（元）；f_{pD} 为老城商业中心 D 的停车费（元）。

Wardrop 第一原理认为，路网达到平衡时，每组 OD 的各条被利用路径具有相等且最大的效用，这种状态类似于混合博弈的均衡状态。即当一个策略集中的子策略的效用都相等且最大时，该策略集的参与者达到了绝对的不后悔状态。而当所有策略集的参与者都不后悔时，系统达到均衡。而在实际生活中，人们通常在当后悔程度可接受时，便不再去主动改变选择行为。基于此，本研究认为可以将所有出行者所选路径效用差最小且可接受时对应的交通系统运行状态视为稳定的均衡状态。A 的出行路径 1 的后悔度函数如下：

$$R_{A1} = \left| u_{A1} - \frac{\sum u_A}{7} \right|$$

式中，R_{A1} 为出行者 A 选择路径 1 的后悔程度。

目标函数及约束条件如下：

$$\min R_{\text{sum}} = \min \sum R_i$$

$$\text{St.} \ \forall p_i \geqslant 0$$

$$\boldsymbol{aeq} \times \boldsymbol{p} = \boldsymbol{beq}$$

$$\forall R_i \leqslant k$$

式中，$\boldsymbol{aeq}$、$\boldsymbol{beq}$ 为等式约束的系数矩阵，某出行端点的各路径选择人数之和等于该出行端点的出行人数；R_i 为路径 i 的后悔程度（元）；k 为可接受后悔程度（元）。

9.8 居民收入结构变化时的算例分析

目前，丰城城区人口约 44 万，约 8% 的出行者周末晚间选择自驾购物出行。各出行端点的实际出行量按住宅数分配出行量，具体如表 9-8 所示。

表 9-8　出行端点的交通出行量

序号	出行端点	出行量/（veh/h）
1	A（三千套）	5 802
2	C（杨柳湖）	3 869
3	E（幸福家园）	3 868
4	F（五千套）	7 736
5	G（沙湖公园）	2 321
6	H（金马御龙城）	1 934
7	I（福泽上城）	2 901
8	J（子龙花园）	2 901
9	K（紫云花园）	3 868

假设某路径的选择概率为 p，将各 OD 的出行路径选择定义如表 9-9 所示。

表 9-9　各 OD 出行路径

OD	路径组成	选择代号	OD	路径组成	选择代号
A—B	23—2—6	p1	H—D	1—7—9—11—14	p31
	3	p2		1—7—8—13	p32
	4—24	p3		22—3—10—12—11—14	p33
				22—4—24—10—19—18—15—14	p34
A—D	22—1—7—9—11—14	p4	I—B	2—6	p35
	22—1—7—8—13	p5		23—3	p36
	3—10—12—11—14	p6		23—4—24	p37
	3—10—19—18—15—14	p7			
C—B	7—5—6	p8	I—D	2—6—10—12—11—14	p38
	9—12—10	p9		2—5—7—9—11—14	p39
	7—1—22—3	p10		2—5—7—8—13	p40
				23—22—1—7—8—13	p41
C—D	9—11—14	p11	J—B	6	p42
	8—13	p12		2—23—3	p43
E—B	18—19—10	p13		2—23—4—24	p44
	15—11—9—7—5—6	p14		5—1—23—3	p45
E—D	15—14	p15	J—D	5—7—9—11—14	p46
	15—11—9—8—13	p16		5—7—8—13	p47
F—B	10	p17		6—10—12—11—14	p48
	12—9—7—5—6	p18		6—10—19—18—15—14	p49
F—D	12—11—14	p19	K—B	24	p50
	12—9—8—13	p20		4—3	p51
	19—18—15—14	p21		4—23—2—6	p52
G—B	20—21—19—10	p22	K—D	24—10—12—11—14	p53
	20—17—11—9—7—5—6	p23		24—10—19—18—15—14	p54
	16—8—7—5—6	p24		24—6—5—7—9—11—14	p55
				4—22—1—7—8—13	p56

续表

OD	路径组成	选择代号	OD	路径组成	选择代号
G—D	16—13	p25			
	20—17—14	p26			
H—B	22—3	p27			
	22—4—24	p28			
	22—23—2—6	p29			
	1—5—6	P30			

显然，随着收入水平的提高，出行者对出行费用越发不敏感，对出行时间越发敏感，因此可以用出行时间价值的变化来表现收入水平的总体变化，而收入结构的变化主要表现在低收入小区向中等收入小区的转化。关于未来年出行时间价值的具体计算，首先依据8%的增长率估算出 2029 年的居民收入水平，再根据时薪（一年工作日算 251 天，一天工作 8 小时）计算出 2029 年出行时间价值的基础值，再得出符合正态分布（标准差为 3 元）的各小区出行时间价值（见表 9-10）。

表 9-10　2029 年出行者时间价值表

收入结构	小区	时间价值/（元/小时）
"金字塔型"	H（金马御龙城、高等收入小区）	56.46
	A（三千套、中等收入小区）	23.01
	I（福泽上城、中等收入小区）	26.25
	C（杨柳湖、低收入小区）	13.17
	E（幸福家园、低收入小区）	9.07
	F（五千套、低收入小区）	12.2
	G（沙湖公园、低收入小区）	11.65
	J（子龙花园、低收入小区）	10.03
	K（紫云花园、低收入小区）	10.9
"橄榄型"	H（金马御龙城、高等收入小区）	45.21
	A（三千套、中等收入小区）	24.16

续表

收入结构	小区	时间价值/（元/小时）
"橄榄型"	F（五千套、中等收入小区）	24.08
	I（福泽上城、中等收入小区）	24.08
	J（子龙花园、中等收入小区）	23.34
	K（紫云花园、中等收入小区）	21.46
	C（杨柳湖、低收入小区）	15.38
	E（幸福家园、低收入小区）	16.3
	G（沙湖公园、低收入小区）	15.16

考虑到老城道路条件较差，更易发生拥堵，因此老城商业中心收取更高的停车费用，具体取值如表 9-11 所示。

表 9-11　停车费率取值

序号	参数	停车费率/元
1	f_{pB}	5
2	f_{pD}	10

计算时，通过遗传算法（Genetic Algorithm，GA）和序列二次规划算法（Sequence Quadratic Program，SQP）来计算。首先运用 GA 算法找到局部最优点，将其作为 SQP 算法的初值进行计算，得到更优的解，再将此解作为 GA 算法初始种群中的一支进行计算。如此反复迭代，直到目标函数值无法更优时停止。其中，可接受后悔程度 k 取 5 元。以"金字塔型"分布为例，图 9-9 显示最后一次迭代 GA 算法的计算过程。

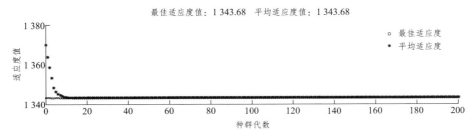

图 9-9　2029 年"金字塔型"分布最后一次迭代 GA 流程

此时，R_i 最大值=4.16 元≤可接受后悔程度 k=5 元，认为系统达到均衡。同理可得"橄榄型"分布的系统状态。

如图 9-10 所示，收入结构为"金字塔型"时，路段平均服务水平为 1.6 veh/h，"橄榄型"为 1.52 veh/h。这是因为随着中等收入群体的增加，出行者的时间价值总体上升，其会更合理地进行路径选择，使道路服务水平有所下降。其中，无论哪种分布，新城区商业中心 B 连接路段都会出现严重拥堵（路段 3 和路段 6），新城区路段的服务水平显著低于老城区。这是因为新城区的小区多集中于商业中心 B 附近，且各小区去往 B 的路径存在重叠，而老城区的小区则较为分散。

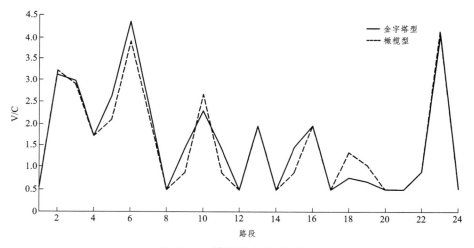

图 9-10　路段服务水平对比

此外，当老城区商业中心 D 收取高额的停车费后，新老城区之间的小区（C 和 F）的购物出行被引导至 B，虽然有效缓解了 D 附近路段的拥堵，但是给新城区带来了严重影响。"橄榄型"分布下的新城路段平均服务水平（2.21 veh/h）比"金字塔型"（2.31 veh/h）略低。这是因为随着居民收入结构由"金字塔型"转化为"橄榄型"，位于新老城区之间的小区 F（五千套）由低收入小区变为中等收入小区，其出行者的时间价值显著提高，对于出行费用的敏感性下降，更多地选择了较不拥堵的老城区商业中心进行购物。

此外，新城小区 J（子龙花园）和 K（紫云花园）也由低收入小区变为中等收入小区，这部分出行者对出行时间的敏感性提高，选择了更合理的出行路径。

如图 9-11 所示，当收入结构为"金字塔型"分布时，新城区小区的人均出行时间为 0.30 h，老城的为 0.27 h。当收入结构为"橄榄型"分布时，新城小区的人均出行时间为 0.31 h，老城的为 0.24 h。虽然老城区的小区更为分散，出行路径距离更远，然而由于交通拥堵，新城区出行者的出行时间更长。此外，当收入结构变为"橄榄型"分布后，随着中等收入群体的增加，出行者的时间价值总体上提高了，更多的出行者选择了新城区商业中心 B，进一步降低了老城区的交通出行时间，但给新城区的出行者带来了不利影响。

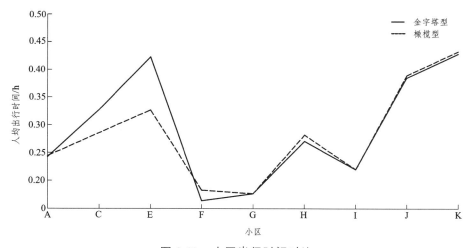

图 9-11　小区出行时间对比

其中，当收入结构为"金字塔型"时，老城小区 E 的出行时间高达 0.42 h。此时小区 E 的出行者中，共有 872 人选择路径 13，共有 2 996 人选择路径 14，所有人都选择去往新城商业中心 B。这是因为 E 是低收入小区，出行者的时间价值较低（只有 9.07 元/时），对出行费用十分敏感，当老城区商业中心 D 收取高额的停车费后，他们都选择更远但停车费用相对更低的新城区商业中心 B。当结构变为"橄榄型"后，虽然小区 E 仍然是低收入小区，但是贫富差距缩小，其时间价值增加到了 16.3 元/时，小区居民对出行时间的敏感性提高，虽然所有人还是选择了去往 B，但是更多的人选择了更短的出行路径 13。

表 9-12　新老城区衔接路段对比（veh/h）

	路段名称	2029 年流量	2029 年服务水平
金字塔型	7 剑邑大道	8 465	2.65
	10 龙光东大道	11 008	2.29
橄榄型	7 剑邑大道	6 682	2.09
	10 龙光东大道	12 791	2.66

如表 9-12 所示，无论哪种分布，衔接路段都出现了大量的交通流量，且大部分流量是从老城区去往新城区商业中心 B 的。综上所述，可以看出在该场景下，实施差别化的停车收费政策会给对应的城区带来不利影响。下面以统一的停车收费方案进行计算，f_{pB} 和 f_{pD} 都取 10 元。

如图 9-12 所示，收入结构为"金字塔型"时，路段平均服务水平为 1.55 veh/h，"橄榄型"为 1.37 veh/h。对比差异化停车费时的交通状态，此

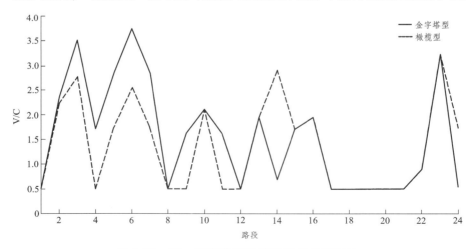

图 9-12　统一停车费下的路段服务水平对比

时"橄榄型"分布下的道路服务水平大为改善,且新城商业中心连接路段的拥挤程度显著下降。对比统一停车费下的两种收入结构分布,"橄榄型"分布时新城区路段的拥挤程度明显更低,这说明随着收入结构的优化,中等收入群体增加后,出行者对出行时间的敏感性会显著提高,进行路径选择时会主动规避拥挤路段。尤其取消了差异化停车费用的引导后,当出行者的时间价值提高到一定程度后,他们会自发地选择更合理的路径。

9.9 结 论

随着我国经济水平的不断提高,居民收入水平也在发生变化,当下的停车收费政策能否适应这些变化还值得讨论。为此,本研究首先以"经济百强县"丰城为例,考虑出行群体间的相互影响,基于后悔理论,通过对比不同收入水平增速下停车收费政策的实施效果,研究了未来年中小城市停车收费政策的适应性问题。研究表明,应该对道路资源相对紧张的老城区商业中心收取更高的停车费,且无论未来年的经济增速状况如何,这一结论都不会发生改变。

在此基础上,本研究继续以丰城市为例,进一步研究了居民收入结构变化后,中小城市商业中心停车收费政策的适应性问题。研究表明,当老城区商业中心收取更高的停车费后,无论收入结构为哪种分布,新城区的路段都更为拥挤,新老城区之间小区的购物出行被引导至新城区商业中心,虽然有效缓解了老城区路段的拥堵,但是给新城区带来了严重影响。此外,虽然老城小区更为分散,出行路径距离更远,但由于交通拥堵,新城区出行者花费的出行时间更长。当采取统一的停车费后,"橄榄型"分布下的道路服务水平大为改善,且新城区商业中心连接路段的拥挤程度显著下降。可见,在出行者的时间价值提高到一定程度后,他们会自发地选择更合理的路径。

[1] 张结海. 后悔的一致性模型：理论和证据[J]. 心理学报，1999，31（4）.

[2] 鲜于建川，隽志才，朱泰英. 后悔理论视角下的出行选择行为[J]. 交通运输工程学报，2012，12（3）.

[3] 张顺明，叶军. 后悔理论述评[J]. 系统工程，2009，27（2）.

[4] 张晓，樊治平，陈发动. 基于后悔理论的风险型多属性决策方法[J]. 系统工程理论与实践，2013，33（9）.

[5] 闫祯祯，刘锴，王晓光. 基于后悔理论的交通信息感知价值[J]. 交通运输系统工程与信息，2013，13（4）.

[6] HAMED POORSEPAHY SAMIAN, REZA KERACHIAN, MOHAMMAD REZA NIKOO. Water and pollution discharge permit allocation to agricultural zones: application of game theory and min-max regret analysis[J]. Water Resources Management, 2012, 26(14).

[7] GISELLE DE MORAES RAMOS, WINNIE DAAMEN, SERGE HOOGENDOORN. Expected utility theory, prospect theory, and regret theory compared for prediction of route choice behavior[J]. Transportation Research Record: Journal of the Transportation Research Board, 2011, 2230.

[8] 刘天亮，欧阳恋群，黄海军. ATIS 作用下的混合交通行为网络与效率损失上界[J]. 系统工程理论与实践，2007（4）.

[9] 秦萍，陈颖翱，徐晋涛，王兰兰. 北京居民出行行为分析：时间价值和交通需求弹性估算[J]. 经济地理，2014，34（11）.

[10] 孙亚南，胡立伟，祁首铭，程浩. 城市道路交通拥塞对驾驶人操作行为影响研究[J]. 武汉理工大学学报（交通科学与工程版），2014. 38（6）.

[11] 周家中，张殿业. 多模式交通网络下的城市交通出行链行为模型[J]. 华南理工大学学报（自然科学版），2014，42（2）.

[12] 耿雪，关宏志，王迎晖. 非黄金周旅游交通行为调查分析——以北京市城市型旅游交通为例[J]. 城市交通，2008，6（2）.

[13] 吴文祥，黄海军，范景军. 交通信息对交通行为的影响和信息发布策略研究的一个新模型[J]. 系统工程理论与实践，2008（3）.

[14] 吴文祥，黄海军. 平行路径网络中信息对交通行为的影响研究[J]. 管理科学学报，2003，6（2）.

[15] 石建军，常书金. 交通信息与交通行为控制[J]. 石家庄铁道学院学报（自然科学版），2008，21（4）.

[16] 关宏志，邵洁，李亚茹，白洪岭. 自驾车旅游交通行为分析模型[J]. 城市交通，2005，3（4）.

[17] A HAMISH JAMSON, NATASHA MERAT, OLIVER M J CARSTEN, FRANK C H LAI. Behavioural changes in drivers experiencing highly-automated vehicle control in varying traffic conditions[J]. Transportation Research Part C: Emerging Technologies, 2013, 30.

[18] 巩继伟，周永辉. 多目标连续博弈混合弱 Pareto-Nash 平衡点的存在性[J]. 贵州师范大学学报（自然科学版），2010，28（1）.

[19] 邓宏钟，谭跃进. 多人混合博弈的仿真分析[J]. 管理科学学报，2002，5（4）.

[20] 曾思育，傅国伟. 混合博弈在水污染系统控制中的应用[J]. 系统工程理论与实践，2001（5）.

[21] 王宇，徐名海，迟欢，苏喜娟. 基于混合博弈的虚拟网络动态资源分配模型[J]. 电信科学，2013（3）.

[22] 谢能刚，岑豫皖，孙林松，王璐. 基于混合行为博弈的多目标仿生设计方法[J]. 力学学报，2008，40（2）.

[23] 赵俊军，成卫，钱春华，徐芳. 基于混合理性的路径诱导演化博弈模型[J]. 公路与汽运，2014（6）.

[24] 刘宗谦，于加尚，李江峰. 连续博弈中的混合策略性质及其均衡[J]. 首都师范大学学报（自然科学版），2007，28（2）.

[25] 肖鹏，胡志刚. 云环境中基于混合博弈的虚拟资源定价模型[J]. 计算机集成制造系统，2014，20（1）.

[26] HILLEL BAR GERA, FREDRIK HELLMAN, MICHAEL PATRIKSSON. Computational precision of traffic equilibria sensitivities in automatic network design and congestion pricing[J]. Transportation Research Part B Methodological, 2013, 57.

[27] JIAJUN ZHU, HONGZHEN TANG, JIN LIU. An extended audit sampling algorithm based on mixed game[J]. WIT Transactions on Information and Communication Technologies, 2014, 61.

[28] ZHENGTIAN WU, CHUANGYIN DANG, HAMID REZA KARIMI，CHANGAN ZHU, QING GAO. A Mixed 0-1 linear programming approach to the computation of all pure-strategy nash equilibria of a finite n-person game in normal form[J]. Mathematical Problems in Engineering, 2014.

[29] 李茂军，朱陶业，童调生. 单亲遗传算法与传统遗传算法的比较研究[J]. 系统工程，2001，19（1）.

[30] 琚洁慧. 改进适应度函数的遗传算法[J]. 电脑知识与技术，2005（15）.

[31] 黄克艰. 基于 MATLAB 和遗传算法的混流装配线投产顺序研究[J]. 上海汽车，2007（11）.

[32] 范瑜，金荣洪，耿军平，刘波. 基于差分进化算法和遗传算法的混合优化算法及其在阵列天线方向图综合中的应用[J]. 电子学报，2004（12）.

[33] 王晓华，杨娜. 基于遗传算法的参数优化估算模型[J]. 电子世界，2012（24）.

[34] 冷亮，杜庆东. 基于遗传算法解决车辆最优路径诱导问题[J]. 信息通信，2012（2）.

[35] 秦国经，任庆昌. 基于遗传算法寻优的 PID 控制与仿真[J]. 中国西部科技，2011（11）.

[36] 王雪松，赵跃龙. 遗传算法优化小波神经网络的网络流量预测[J]. 计算机系统应用，2015，24（1）.

[37] 令狐选霞，徐德民，张宇文. 一种新的改进遗传算法——混合式遗传算法[J]. 系统工程与电子技术，2001，23（7）.

[38] 吴超峰. 基于可替换路径对的交通分配研究[D]. 合肥：合肥工业大学，2018.

[39] 姚凯斌. 基于元胞传输模型的城市路网交通分配方法研究[D]. 广州：华南理工大学，2017.

[40] 刘晓玲. 拥堵交通流分配和道路网络容量计算理论与方法研究[D]. 北京：北京交通大学，2017.

[41] 高苏銮. 静态交通分配模型及其求解算法研究[D]. 南宁：广西大学，2012.

[42] 孙琦，袁才鸿. 基于改进蚁群系统的动态交通分配[J]. 农业装备与车辆工程，2021，59（2）.

[43] 张强. 环岛中心型路网交通流分配模型研究[D]. 北京：中国人民公安大学，2020.

[44] 朱泽坤. 环境可持续下的交通网络动态均衡分配研究[D]. 广州：华南理工大学，2020.

[45] 荣博盛. 考虑碳排放的连续型动态交通流分配模型及算法研究[D]. 北京：北京交通大学，2019.

[46] 程一，李桐林，张镕哲，周帅. 基于深度学习的重力梯度事后误差补

偿方法[J]. 世界地质，2021，40（3）.

[47] 李雷，赵柏森. 基于人工神经网络和遗传算法的封头成形工艺参数多目标优化[J]. 锻压技术，2021，46（5）.

[48] 李翀，申洪涛，刘建华，吴一敌，孙晓腾，张英. 基于 Shapley 组合模型及神经网络的电能表需求预测研究[J]. 电测与仪表，2021，58（9）.

[49] 丁飞，江铭炎. 基于改进狮群算法和 BP 神经网络模型的房价预测[J]. 山东大学学报（工学版），2021（4）.

[50] 张会云，黄鹤鸣. 基于异构并行神经网络的语音情感识别[J/OL]. 计算机工程，2021-05-14.

[51] 关成立，杨岳. 反向传播神经网络在社会发展中的智慧应用研究[J]. 计算机时代，2021（5）.

[52] 孙歧峰，李娜，段友祥，李洪强，唐海全. 基于长短期记忆神经网络的随钻地层倾角解释方法[J]. 石油勘探与开发，2021，48（4）.

[53] 徐晶珺，郑源，于洋，潘虹，唐魏. 基于卷积神经网络的水电机组轴心轨迹类型识别[J]. 排灌机械工程学报，2021，39（5）.

[54] 杨立东，胡江涛. 多优化机制下深度神经网络的音频场景识别[J]. 信号处理，2021，37（10）.

[55] 范晓威，张勇，徐志浩，张琥，彭伟超，王蒙. 世界军运会交通需求管理政策研究及实施效果[J]. 公路与汽运，2021（2）.

[56] 李晓玉，苏跃江，崔昂. 广州市交通需求管理策略应用与思考[J]. 交通与港航，2020，7（6）.

[57] 马骅. 交通需求管理的政策体系与城市实践[J]. 公共治理评论，2019（1）.

[58] 刘炳全，度巍. 双模式网络停车限制交通需求管理模型与方法研究[J]. 运筹与管理，2020，29（9）.

[59] 禹乐文，刘仕焜. 低碳背景下城市交通需求管理策略[J]. 综合运输，2019，41（7）.

[60] 余水仙，杨涛，钱林波，彭佳. 国内外特大城市交通需求管理政策与实施效果比较研究[J]. 交通与港航，2020，7（6）.

[61] 熊杰，陈彪，李向楠，陈艳艳，郝世洋. 大数据支撑下的交通需求管理体系研究[J]. 城市交通，2019，17（3）.

[62] 蔡润林，邹歆. 苏州交通需求管理政策框架研究[J]. 交通与运输（学术版），2018（1）.

[63] 包贤珍. 小汽车增量调控背景下交通需求管理策略分析——以深圳市为例[J]. 交通世界，2017（23）.

[64] 李庆印，孙立，孙锋，孙绍伟，焦方通. 交通需求管理创新机制研究[J]. 农业装备与车辆工程，2016，54（3）.

[65] 张卫华，陈俊杰，江楠. 考虑交通能源消耗的出行需求管理策略研究[J]. 系统工程学报，2015，30（4）.

[66] 沈颖洁，韩宝睿，马健霄. 大都市近郊通勤交通需求管理策略[J]. 重庆交通大学学报（自然科学版），2014，33（6）.

[67] 谭永朝，高杨斌，郑瑾，梁丽娟，裴洪雨，陈杰，王娜. 杭州市"错峰限行"交通需求管理措施实践[J]. 城市交通，2012，10（5）.